AF276297

COLEX

GRACIAS POR CONFIAR EN COLEX

Disfrute gratuitamente **DURANTE UN AÑO** de los eBook, audiolibros y Colex Copilot de las obras de Editorial Colex*

ACTIVA TU CÓDIGO PARA ACCEDER A LOS SERVICIOS

1. Accede a **www.colex.es**.

2. Inicia sesión o regístrate como usuario.

3. Dirígete al menú de usuario y haz clic en «**Mis códigos**».

4. Introduce el siguiente código (**RASCA PARA VER EL CÓDIGO**):

◆ Una vez se valide el código, aparecerá una ventana de confirmación y su eBook / audiolibro / Colex copilot estarán activos **durante 1 año desde su activación** en la pestaña «Mis libros» en el menú de usuario.

* Los audiolibros están disponibles en las ediciones más recientes de nuestras obras. Se excluyen expresamente las colecciones «Códigos comentados», «Biblioteca digital» y los productos de www.vademecumlegaLes. Colex Copilot únicamente está disponible en las ediciones más recientes de las colecciones «Paso a paso» y «Vademecum».

No se admitirá la devolución si el código promocional ha sido manipulado y/o utilizado.

¡Gracias por confiar en nosotros!

La obra que acaba de adquirir incluye de forma gratuita la versión electrónica.

Acceda a nuestra página web para aprovechar todas las funcionalidades de las que dispone en nuestro lector.

Funcionalidades eBook

Acceso desde cualquier dispositivo con conexión a internet

Idéntica visualización a la edición de papel

Navegación intuitiva

Tamaño del texto adaptable

Síguenos en:

NUEVA FUNCIONALIDAD CON INTELIGENCIA ARTIFICIAL EN LOS LIBROS DE COLEX

| Una cortesía de Iberley.es |

En Colex damos un paso más en innovación jurídica. Desde ahora, las guías «Paso a paso» y los «Vademecum» incorporan una nueva funcionalidad basada en **inteligencia artificial**, gracias a la tecnología de **Iberley IA**.

El lector podrá interactuar directamente con el contenido del libro de forma inmediata, útil y centrada exclusivamente en su materia.

☑ **¿Qué puede hacer el usuario en el libro?**

💬 Realizar preguntas sobre el contenido del libro.

📚 Solicitar explicaciones de artículos, conceptos o normativa.

☀ Utilizar un ChatBot inteligente, contextualizado y acoplado al contenido legal del libro.

💡 Resolver dudas puntuales mientras se estudia o trabaja con la obra.

☒ **¿Qué no puede hacer esta versión del ChatBot?**

✗ No permite generar escritos jurídicos.

✗ No analiza ni responde documentos externos.

✗ No responde a consultas de otras materias distintas a la del libro.

Esta herramienta está pensada para enriquecer la experiencia de lectura y consulta del libro. Su uso es exclusivo sobre su contenido.

¿QUIERES IR MÁS ALLÁ? DESCUBRE IBERLEY IA

Si necesitas una **solución avanzada de inteligencia legal**, con cobertura total de materias y documentos, entra en **www.iberley.es** y accede a todas las funcionalidades profesionales:

CUADRO SIMBÓLICO DE FUNCIONALIDADES		
Funcionalidad	**En los libros Colex**	**En Iberley.es**
Preguntar sobre el contenido del libro	✓	✓
Solicitar explicaciones jurídicas	✓	✓
ChatBot integrado al contenido del libro	✓	✓
Consultas sobre otras materias	✗	✓
Análisis de documentos externos	✗	✓
Generación de escritos jurídicos	✗	✓
Traducción jurídica	✗	✓
Informes y resúmenes legales automáticos	✗	✓
Contratos, guías prácticas y emails para clientes	✗	✓
Estrategias judiciales y jurisprudencia instantánea	✗	✓

EL PROCEDIMIENTO SANCIONADOR TRIBUTARIO

Análisis de la regulación del procedimiento
sancionador tributario

EL PROCEDIMIENTO SANCIONADOR TRIBUTARIO

Análisis de la regulación del procedimiento
sancionador tributario

EDICIÓN 2026

**Obra realizada por el Departamento de
Documentación de Iberley**

COLEX 2026

© Editorial Colex, S.L.
Calle Costa Rica, número 5, 3º B (local comercial)
A Coruña, C.P. 15004
info@colex.es
www.colex.es

I.S.B.N.: 979-13-7011-649-1
Depósito legal: C 280-2026

SUMARIO

0.
INTRODUCCIÓN

El procedimiento sancionador tributario

La Ley 58/2003, de 17 de diciembre, General Tributaria (LGT), configura un sistema unitario de aplicación de los tributos que descansa sobre una serie de normas comunes para todos los procedimientos tributarios y, paralelamente, sobre un régimen sancionador específico que, aun participando de los principios generales del derecho administrativo sancionador, presenta importantes especialidades.

El título III de la LGT, tras delimitar el ámbito de la aplicación de los tributos, dedica su capítulo II a las normas comunes sobre actuaciones y procedimientos tributarios. Estas reglas se proyectan sobre todos los procedimientos de gestión, inspección, recaudación y revisión, salvo que una norma especial establezca lo contrario. El artículo 115 establece las potestades y funciones de la Administración estableciendo que la misma podrá comprobar e investigar los hechos, actos, elementos, actividades, explotaciones, negocios, valores y demás circunstancias determinantes de la obligación tributaria para verificar el correcto cumplimiento de las normas.

El título IV de la LGT, destacando: y el Reglamento general del régimen sancionador tributario (en adelante, RGRST), conforman un subsistema sancionador tributario dotado de principios propios, una tipificación detallada y un procedimiento específico, pero integrado en el marco del derecho administrativo sancionador. El art. 178 de la LGT remite a los principios generales de la potestad sancionadora administrativa, con las especialidades de la ley:

- **Legalidad y tipicidad**: sólo son infracciones las acciones u omisiones tipificadas y sancionadas por ley.
- **Responsabilidad**: exige dolo o culpa con cualquier grado de negligencia; se excluye, entre otros supuestos, cuando se actúa con diligencia debida o interpretación razonable de la norma.
- **Proporcionalidad**: reflejada en la graduación de sanciones según perjuicio económico, comisión repetida, incumplimiento sustancial de la facturación, etc.

- **No concurrencia de sanciones**: una misma conducta no puede ser sancionada dos veces, ni un mismo hecho utilizarse simultáneamente como infracción autónoma y como criterio de graduación.

- **Irretroactividad desfavorable y retroactividad favorable**: el artículo 10.2 de la LGT incorpora el principio de aplicación retroactiva de las normas sancionadoras más favorables a infracciones no firmes.

El procedimiento sancionador tributario se inicia siempre de oficio, mediante acuerdo notificado al presunto infractor. El plazo máximo para iniciar el procedimiento sancionador derivado de un procedimiento de verificación de datos, comprobación o inspección es de **seis meses** desde la notificación de la liquidación o resolución de la que derive (art. 209.2 de la LGT).

El procedimiento sancionador se tramitará de forma separada a los de aplicación de tributos, salvo renuncia del obligado tributario, en cuyo caso se tramitará conjuntamente. La renuncia se realizará mediante manifestación expresa que deberá formularse en los dos primeros meses del procedimiento de aplicación de los tributos, salvo que en ese plazo se produjese la notificación de la propuesta de resolución; en tal caso, la renuncia podrá formularse hasta la finalización del trámite de alegaciones posterior.

En la instrucción serán de aplicación las normas especiales sobre el desarrollo de las actuaciones y procedimientos tributarios a que se refiere el artículo 99 de la LGT. En el curso del procedimiento se podrán adoptar medidas cautelares de conformidad con el artículo 146 de la LGT. Una vez que hayan concluido las actuaciones, se formulará propuesta de resolución en la que se recogerán de forma motivada los hechos, su calificación jurídica y la infracción que aquéllos puedan constituir o la declaración, en su caso, de inexistencia de infracción o responsabilidad. En la propuesta de resolución se concretará asimismo la sanción propuesta con indicación de los criterios de graduación aplicados, con motivación adecuada de la procedencia de los mismos.

El art. 211.2 de la LGT fija un plazo máximo de **seis meses** para concluir el procedimiento sancionador, computado desde la notificación del acuerdo de inicio. En caso de incumplimiento se produce la caducidad del procedimiento, impidiendo la iniciación de un nuevo procedimiento sancionador por los mismos hechos.

El procedimiento puede finalizar por:

- **Resolución expresa**: motivada, con fijación de hechos probados, valoración de pruebas, determinación de la infracción, identificación del infractor y cuantificación de la sanción, con indicación de reducciones aplicadas y de los recursos procedentes.

- **Resolución tácita**: en procedimientos con conformidad.

- **Caducidad**: por vencimiento del plazo máximo sin resolución expresa, que debe declararse *ex officio* o a instancia del interesado, con archivo de actuaciones.

La resolución puede rectificar la propuesta de sanción, incluido su incremento cualitativo (p.ej., recalificación como muy grave), pero en tal caso debe darse trámite de audiencia específico al interesado (art. 24.2 del RGRST).

El art. 212 de la LGT establece el régimen de impugnación de las sanciones:

- El acto de resolución sancionadora es recurrible de forma independiente, aunque lo habitual es la acumulación con la impugnación de la liquidación de la que derive.

- Es posible recurrir la sanción **sin perder la reducción por conformidad** del art. 188.1.b de la LGT, siempre que no se impugne la regularización material.

- Las sanciones derivadas de actas con acuerdo no son recurribles en vía administrativa; su impugnación contencioso-administrativa implica la pérdida de la reducción por acuerdo (art. 212.2 de la LGT).

En lo que respecta a la ejecución, la interposición en tiempo y forma de recurso o reclamación produce efectos relevantes (art. 212.3 de la LGT):

- Suspensión automática de la ejecución de la sanción **sin necesidad de garantías** hasta que sea firme en vía administrativa.

- No devengo de intereses de demora sobre la sanción hasta el final del nuevo plazo voluntario de pago que se abre con la notificación de la resolución que ponga fin a la vía administrativa.

- Estos efectos se extienden a las sanciones derivadas de acuerdos de derivación de responsabilidad, tanto si recurre el infractor originario como el responsable, sin que se suspenda automáticamente la deuda tributaria principal ni las responsabilidades *ex* art. 42.2 de la LGT.

Este esquema se completa con la regulación de reducciones por pronto pago y ausencia de recurso, y con las especialidades ligadas a la vía económico-administrativa.

1.
NORMAS COMUNES EN LOS PROCEDIMIENTOS TRIBUTARIOS: REGULACIÓN

Regulación común en los procedimientos tributarios

Las normas comunes en los procedimientos tributarios en España están reguladas principalmente por la Ley 58/2003, de 17 de diciembre, General Tributaria (LGT). En particular, el **capítulo II**, del título III de la LGT regula las normas que han de regir los procedimientos de aplicación de los tributos regulados en el título III de la ley, esto es, los procedimientos de gestión, inspección y recaudación.

La Ley General Tributaria recoge exclusivamente las especialidades que presentan los procedimientos tributarios respecto a las disposiciones generales sobre procedimiento administrativo, que serán de aplicación salvo lo expresamente previsto en las normas tributarias. La **disposición adicional 1.ª de la LPAC** establece en este sentido que las disposiciones de esta ley regirán **supletoriamente** en defecto de norma tributaria aplicable.

- Los procedimientos de **gestión e inspección** se rigen por el Real Decreto 1065/2007, de 27 de julio, por el que se aprueba el Reglamento General de las actuaciones y los procedimientos de gestión e inspección tributaria y de desarrollo de las normas comunes de los procedimientos de aplicación de los tributos.

- El de **apremio** por el Real Decreto 939/2005, de 29 de julio, por el que se aprueba el Reglamento General de Recaudación.

- El **procedimiento sancionador** en materia tributaria se rige por las normas especiales contenidas en el título IV (artículo 207 de la LGT), por el Real Decreto 2063/2004, de 15 de octubre, por el que se aprueba el Reglamento general del régimen sancionador tributario, y supletoriamente por las generales del procedimiento administrativo sancionador establecidas en la LPAC (artículos 53, 56, 77 y 85).

Las **especialidades** más significativas que presentan los procedimientos tributarios en las distintas fases son las siguientes:

- En la **fase de iniciación**, el procedimiento puede instarse de oficio o por el obligado tributario, mediante las modalidades de autoliquidación, declaración, comunicación, solicitud o por cualquier medio previsto en la normativa tributaria (artículo 98 de la LGT). El interés público que subyace en la represión del fraude fiscal lleva a admitir la denuncia pública en el artículo 114 de la LGT.

- En la **fase de desarrollo**, en el procedimiento tributario, a diferencia de lo establecido con carácter general en el artículo 82 de la LPAC, podrá prescindirse del trámite de audiencia previo a la propuesta de resolución (artículo 99.8 de la LGT), cuando se suscriban actas con acuerdo o cuando puedan formularse alegaciones después de la propuesta de resolución. También presenta singularidad la práctica de la prueba (artículo 99.6 de la LGT), no resultando necesaria la apertura de un período específico ni la comunicación previa de las actuaciones a los interesados (a diferencia de los artículos 77.2 y 78 de la LPAC).

- La falta de **resolución** en plazo presenta ciertamente especialidades respecto del procedimiento administrativo común. En lo demás se contemplan las causas generales de terminación del procedimiento, con la singularidad de la terminación convencional mediante las actas con acuerdo.

Según lo señalado por el artículo 97 de la LGT, las **actuaciones y procedimientos de aplicación de los tributos** se regularán:

- Por las normas especiales establecidas en la Ley General Tributaria y la normativa reglamentaria dictada en su desarrollo, así como por las normas procedimentales recogidas en otras Leyes tributarias y en su normativa reglamentaria de desarrollo.

- Supletoriamente, por las disposiciones generales sobre los procedimientos administrativos.

También resulta interesante el título III del RGAT, dedicado a los principios y disposiciones generales de la aplicación de los tributos, especialmente el capítulo III, titulado «Normas comunes sobre actuaciones y procedimientos tributarios».

A TENER EN CUENTA. En cuanto a los procedimientos especiales de revisión hay que atender a las normas especiales establecidas en los artículos 213 y ss. de la LGT y por el Reglamento General de Revisión en Vía Administrativa (Real Decreto 520/2005, de 13 de mayo).

1.1. Principios generales en la aplicación de los tributos

La aplicación de los tributos: aproximación a los principios generales

Los artículos 83 a 96 de la Ley General Tributaria (LGT) regulan aspectos fundamentales relacionados con la aplicación de los tributos, la información y asistencia a los obligados tributarios, y el deber de colaboración. Antes de adentrarnos en las normas comunes sobre actuaciones y procedimientos tributarios, conviene destacar determinados aspectos y principios generales de la aplicación de los tributos.

‖ Competencia y ámbito de aplicación de los tributos

El artículo 83 de la LGT establece el ámbito de aplicación de los tributos, señalando que comprende todas las actividades administrativas dirigidas a la información y asistencia a los obligados tributarios, así como a la gestión, inspección y recaudación. Además, incluye las actuaciones de los obligados tributarios en el ejercicio de sus derechos y el cumplimiento de sus obligaciones tributarias y también el ejercicio de las actividades administrativas y de las actuaciones de los obligados que se realicen en el marco de la asistencia mutua.

Este artículo también señala que las funciones de aplicación de los tributos deben ejercerse de forma separada de la resolución de las reclamaciones económico-administrativas que se interpongan contra los actos dictados por la Administración tributaria, garantizando la independencia en los procedimientos.

CUESTIÓN

¿Cómo se desarrolla la aplicación de los tributos?

Se desarrollará a través de los siguientes procedimientos:

– De gestión.

– De inspección.

– De recaudación.

– Otros procedimientos previstos en el título III de la LGT.

Por otra parte, se complementa esta regulación al establecer que corresponde a cada Administración tributaria determinar su estructura administrativa para el ejercicio de la aplicación de los tributos.

En cuanto a la **competencia territorial** en la aplicación de los tributos, el artículo 84 de la LGT establece que se atribuirá al órgano que se determine por la Administración tributaria, en desarrollo de sus facultades de organización, a través de una disposición que deberá ser objeto de publicación en el boletín oficial correspondiente. En el caso de que no exista una disposición expresa, se atribuirá la competencia al órgano funcional inferior en cuyo ámbito territorial radique el domicilio fiscal del obligado tributario. Conviene destacar aquí la **STS n.º 1487/2024, de 23 de septiembre, ECLI:ES:TS:2024:4703**, en la que se analiza ampliamente el citado artículo, su desarrollo y sus implicaciones, afirmando que el artículo 84 de la LGT no fija un mapa cerrado de competencias territoriales, sino que remite a la propia Administración tributaria la determinación de la estructura y de la competencia territorial, mediante normas de organización que deben publicarse oficialmente, estableciendo como criterio supletorio que en defecto de disposición expresas, la competencia territorial corresponde al órgano en cuyo ámbito se sitúe el domicilio fiscal del obligado tributario. La sentencia subraya que esta flexibilidad organizativa (autoorganización) debe ir unida a un fuerte autocontrol: publicidad de las normas, transparencia, motivación y respeto a los derechos del contribuyente.

Información y asistencia a los obligados tributarios

La LGT dedica varios artículos a garantizar la información y asistencia a los obligados tributarios. En este sentido, el artículo 85 de la LGT establece que la Administración tributaria debe proporcionar información y asistencia sobre sus derechos y obligaciones. Esto incluye:

- La publicación de textos actualizados de las normas tributarias y de la doctrina administrativa de más trascendencia.
- Las comunicaciones y actuaciones de información realizadas por los servicios destinados a tal efecto en los órganos de la Administración tributaria.
- Las contestaciones a consultas escritas.
- Las actuaciones previas de valoración.
- La asistencia a los obligados en la realización de declaraciones, autoliquidaciones y comunicaciones tributarias.

> **CUESTIÓN**
>
> **¿Qué son las consultas tributarias escritas y cuáles son sus efectos según los artículos 88 y 89 de la Ley General Tributaria?**
>
> Las consultas tributarias escritas permiten a los obligados tributarios y a ciertas entidades formular preguntas a la Administración tributaria sobre el régimen, clasificación o calificación tributaria que les corresponda, siempre que se presenten antes de los plazos establecidos para cumplir con sus obligaciones tributarias. Estas consultas deben cumplir requisitos reglamentarios y son respondidas por los órganos competentes en un plazo de seis meses, sin que la falta de respuesta implique aceptación de los criterios expresados en la consulta.
>
> Las respuestas a estas consultas tienen efectos vinculantes para la Administración tributaria en relación con el consultante, siempre que no se modifique la legislación o jurisprudencia aplicable y no se alteren las circunstancias del caso. Además, los criterios expresados en las respuestas pueden aplicarse a otros obligados tributarios en casos de identidad de hechos y circunstancias. Sin embargo, estas respuestas no interrumpen los plazos tributarios ni son recurribles, aunque sí lo son los actos administrativos posteriores que se basen en ellas.

La colaboración en la aplicación de los tributos

El artículo 92 de la LGT establece el deber de colaboración de los obligados tributarios con la Administración, disponiendo en su primer apartado que: «*Los interesados podrán colaborar en la aplicación de los tributos en los términos y condiciones que reglamentariamente se determinen*».

Especialmente relevante resulta lo dispuesto en el artículo 93 de la LGT que regula las obligaciones de información y señala que tanto las personas físicas y jurídicas, como las mencionadas en el artículo 35.4 de la LGT (las herencias yacentes, comunidades de bienes y demás entidades que, carentes de personalidad jurídica, constituyan una unidad económica o un patrimonio separado susceptibles de imposición), están obligadas a proporcionar a la

Administración tributaria los datos, informes, antecedentes y justificantes con trascendencia tributaria relacionados con el cumplimiento de sus propias obligaciones tributarias o deducidos de sus relaciones económicas, profesionales o financieras con otras personas.

La LGT contiene un listado de obligaciones de información para determinados obligados que consisten en:

- Los retenedores y los obligados a realizar ingresos a cuenta deberán presentar relaciones de los pagos dinerarios o en especie realizados a otras personas o entidades.

- Las sociedades, asociaciones, colegios profesionales u otras entidades que, entre sus funciones, realicen la de cobro de honorarios profesionales o de derechos derivados de la propiedad intelectual, industrial, de autor u otros por cuenta de sus socios, asociados o colegiados, deberán comunicar estos datos a la Administración tributaria.

- Las personas o entidades, incluidas las bancarias, crediticias o de mediación financiera en general que, legal, estatutaria o habitualmente, realicen la gestión o intervención en el cobro de honorarios profesionales o en el de comisiones, por las actividades de captación, colocación, cesión o mediación en el mercado de capitales deberán comunicar dichos datos a la Administración tributaria.

- Las personas o entidades depositarias de dinero en efectivo o en cuentas, valores u otros bienes de deudores a la Administración tributaria en período ejecutivo estarán obligadas a informar a los órganos de recaudación y a cumplir los requerimientos efectuados por los mismos en el ejercicio de sus funciones.

- Las personas y entidades que, por aplicación de la normativa vigente, conocieran o estuvieran en disposición de conocer la identificación de los beneficiarios últimos de las acciones deberán cumplir ante la Administración tributaria con los requerimientos u obligaciones de información que reglamentariamente se establezcan respecto a dicha identificación.

- Las personas jurídicas o entidades deberán comunicar a la Administración tributaria la identificación de los titulares reales de las mismas.

Por su parte, el artículo 94 de la LGT regula los deberes de informar y colaborar de determinadas autoridades, de partidos políticos, sindicatos, juzgados y tribunales...

La obligación de informar del artículo 93 de la LGT se desarrolla en el RGAT, concretamente en su capítulo V, del título II, dedicado precisamente a las obligaciones de información.

RESOLUCIÓN RELEVANTE

Sentencia del Tribunal Supremo n.º 1766/2023, de 21 de diciembre, ECLI:ES:TS:2023:5872

Asunto: carácter autónomo del requerimiento de información.

«(...) en función de su objeto, cabe distinguir requerimientos individualizados de obtención de información que versan sobre las propias obligaciones tributarias del

> *requerido, de aquellos otros en los que el requerimiento se refiere a datos no del propio requerido sino de terceros con los que aquel ha mantenido relaciones económicas, profesionales o financieras.*
>
> *Pues bien, aunque el precepto únicamente parece reconocer el carácter autónomo (es decir, fuera de un procedimiento de aplicación de los tributos) del requerimiento individualizado dirigido a terceros, cabe entender que también los dirigidos al obligado tributario pueden realizarse fuera del procedimiento de comprobación o investigación pues, en ningún caso, suponen el inicio de dicho procedimiento.*
>
> *Por tanto, en función del momento en que se formulen, los requerimientos individualizados de obtención de información pueden efectuarse con carácter previo a la iniciación de los procedimientos de aplicación de los tributos o formularse en el curso de un procedimiento ya iniciado, distinción que, aparte de la relevancia que entraña por lo que se refiere al régimen de impugnación (constituir o no un acto de trámite), incide, directamente, sobre el plazo del que dispone la Administración para realizar una actuación con trascendencia tributaria y, en definitiva, para acotar el régimen jurídico de la caducidad».*

El carácter reservado de los datos tributarios y la publicidad de determinados incumplimientos

El artículo 95 de la Ley General Tributaria (LGT) establece el carácter reservado de los datos obtenidos por la Administración tributaria en el desempeño de sus funciones. Dichos datos solo pueden ser utilizados para la aplicación efectiva de los tributos o recursos cuya gestión tenga encomendada y para la imposición de sanciones que procedan. La cesión o comunicación de estos datos a terceros está prohibida, salvo en los casos tasados que se mencionan en el propio artículo, como, por ejemplo, la colaboración con órganos jurisdiccionales y el Ministerio Fiscal en la investigación de delitos graves (artículo 95.1.a de la LGT) o la colaboración con Administraciones públicas para el desarrollo de sus funciones, previa autorización de los obligados tributarios (artículo 95.1.k de la LGT).

La jurisprudencia confirma que este régimen busca concretar los principios del régimen general de protección de datos, dotando de carácter reservado a la información tributaria. La cesión de datos solo es válida si se ajusta a los fines tributarios mencionados en la norma o a los supuestos de interés público tasados en el artículo 95.1. Además, en casos de cesión para fines no tributarios, se requiere la autorización expresa del interesado. Por ejemplo, el RGAT, aprobado por el Real Decreto 1065/2007, de 27 de julio, exige que las Administraciones públicas que soliciten datos tributarios por medios electrónicos, informáticos y telemáticos, identifiquen claramente los datos requeridos, sus titulares, la finalidad de la solicitud y cuenten con el consentimiento expreso de los afectados o la autorización correspondiente. En este sentido podemos citar la **STS n.º 643/2025, de 27 de mayo, ECLI:ES:TS:2025:2435**, en la que se concluye que: «*(...) si una Administración, para el ejercicio de las funciones que le son propias, solicita de la AEAT la cesión de datos tributarios, tal cesión será con fines tributarios; ahora bien, si es para el ejercicio de otras potestades ajenas a las tributarias y no hay una norma legal que lo prevea, deberá contar con la previa autorización del interesado. Por tanto, el acto dictado con base en unos datos tributarios cedidos será conforme a Derecho si la cesión respeta las reglas del artículo 95.1 de la LGT*».

Relacionado con este carácter reservado se encuentra el artículo 95 bis de la LGT que faculta a la Administración tributaria a publicar periódicamente un **listado de los deudores a la Hacienda pública**. Este consiste en una publicación periódica de listados comprensivos de deudores a la Hacienda pública, incluidos los que tengan la condición de deudores al haber sido declarados responsables solidarios, por deudas o sanciones tributarias cuando concurran las circunstancias reguladas en el mentado artículo 95 bis de la LGT (deudas y sanciones superiores a 600.000 euros que no hubiesen sido pagadas en periodo voluntario).

1.2. Fases de los procedimientos tributarios

Las fases en el procedimiento tributario

Los procedimientos tributarios en España se estructuran en tres fases principales: iniciación, desarrollo y terminación. Así lo recoge la Ley General Tributaria que dedica sus artículos 98 a 100 a analizar cada una de estas fases y sus particularidades.

|| Iniciación de los procedimientos tributarios

El artículo 98 de la LGT dispone que los procedimientos tributarios podrán iniciarse de los siguientes modos:

- De oficio.
- A instancia del obligado tributario:
  » Mediante autoliquidación.
  » Mediante declaración.
  » Mediante comunicación.
  » Mediante solicitud.
- O por cualquier otro medio previsto en la normativa tributaria.

La Administración tributaria podrá aprobar modelos y sistemas normalizados de autoliquidaciones, declaraciones, comunicaciones, solicitudes o cualquier otro medio previsto en la normativa tributaria, y los pondrá a disposición de los obligados tributarios.

En el ámbito de competencias del Estado, el ministro o la ministra de Hacienda podrá determinar los supuestos y condiciones en los que los obligados tributarios deberán presentar por **medios telemáticos** sus declaraciones, autoliquidaciones, comunicaciones, solicitudes y cualquier otro documento con trascendencia tributaria.

A TENER EN CUENTA. El artículo 114 de la LGT reconoce otro modo de iniciarse el procedimiento: la denuncia pública. En este sentido señala que mediante denuncia pública podrán ponerse en conocimiento de la Administración tributaria

---

hechos o situaciones que puedan ser constitutivos de infracciones tributarias o tener trascendencia para la aplicación de los tributos, y regula los pasos a seguir por la Administración tras la recepción de la denuncia.

CUESTIONES

1. ¿Qué debe de incluirse en los documentos de iniciación de las actuaciones y procedimiento?

En todo caso, deberán incluirse:

- El nombre y apellidos, o razón social del obligado tributario.

- El número de identificación fiscal del obligado tributario.

- En su caso, los mismos datos de la persona que lo represente.

2. Si se constata un error en uno de estos datos, por ejemplo, el NIF, ¿puede rectificarse en el mismo procedimiento o debe iniciarse uno nuevo?

Para dar respuesta a esta cuestión podemos citar la sentencia del Tribunal Superior de Justicia de Murcia n.º 163/2025, de 14 de abril, ECLI:ES:TSJMU:2025:1582, en la que no consideran procedente un nuevo expediente para subsanar este error:

«Es cierto que, conforme el artículo 98.2 de la Ley General Tributaria, los documentos de iniciación de las actuaciones y procedimientos tributarios deberán incluir, en todo caso, el nombre y apellidos o razón social y el número de identificación fiscal del obligado tributario y, en su caso, de la persona que lo represente y, que en este supuesto se produjo un error en el acuerdo de inicio.

Igualmente, que el error en cuanto al NIF del declarado responsable subsidiario pudiera constituir un error que cabría calificar de hecho y que, de acuerdo con el artículo 109.2 de la LRJPAC puede, de oficio, rectificarse en cualquier momento.

(...)

Sin embargo, esta Sala no considera que, en realidad, estuviera justificada la incoación de este segundo expediente sobre la base de un mero error de hecho en el número del NIF de uno de los miembros del Consejo de Administración frente a los que se dirige, pues ello es contrario al principio de buena administración, ya que, en otro caso, se estaría amparando la posibilidad de incoar sucesivos expedientes en tanto no estuviera prescrito el derecho a reclamar y subsanar cuantas deficiencias se pudieran producir en el seno de este».

En el caso de la **iniciación de oficio**, el artículo 87 del RGAT dispone que requerirá acuerdo del órgano competente para su inicio:

- Por propia iniciativa.

- Como consecuencia de orden superior.

- A petición razonada de otros órganos.

El inicio del procedimiento se lleva a cabo mediante la comunicación notificada al obligado tributario o mediante personación. Además, el RGAT aclara que podrá iniciarse directamente con la notificación de la propuesta de resolución o de liquidación, cuando así estuviera previsto.

La comunicación de inicio contendrá, en su caso, los siguientes datos:

- Lugar y fecha de su expedición.

- Nombre y apellidos o razón social o denominación completa y número de identificación fiscal de la persona o entidad a la que se dirige.
- Lugar al que se dirige.
- Hechos o circunstancias que se comunican o contenido del requerimiento que se realiza mediante la comunicación.
- Órgano que la expide y nombre, apellidos y firma de la persona que la emite.
- Procedimiento que se inicia.
- Objeto del procedimiento con indicación expresa de las obligaciones tributarias o elementos de las mismas y, en su caso, períodos impositivos o de liquidación o ámbito temporal.
- Requerimiento que, en su caso, se formula al obligado tributario y plazo que se concede para su contestación o cumplimiento.
- Efecto interruptivo del plazo legal de prescripción.
- En su caso, la propuesta de resolución o de liquidación cuando la Administración cuente con la información necesaria para ello.
- En su caso, la indicación de la finalización de otro procedimiento de aplicación de los tributos, cuando dicha finalización se derive de la comunicación de inicio del procedimiento que se notifica.

El obligado tributario tendrá un plazo no inferior a 10 días para comparecer y aportar la documentación requerida y la que considere conveniente, así como para realizar las alegaciones que estime oportunas (con la excepción de los supuestos en que la iniciación se produzca mediante personación).

CUESTIÓN

Una vez iniciado el procedimiento de oficio, ¿qué ocurre con las declaraciones presentadas por el obligado tributario relacionadas con las obligaciones y períodos objeto del propio procedimiento?

El apartado 5 del artículo 87 del RGAT da respuesta a esta cuestión al señalar:

«Las declaraciones o autoliquidaciones tributarias que presente el obligado tributario una vez iniciadas las actuaciones o procedimientos, en relación con las obligaciones tributarias y períodos objeto de la actuación o procedimiento, en ningún caso iniciarán un procedimiento de devolución ni producirán los efectos previstos en los artículos 27 y 179.3 de la Ley 58/2003, de 17 de diciembre, General Tributaria, sin perjuicio de que en la liquidación que, en su caso, se practique se pueda tener en cuenta la información contenida en dichas declaraciones o autoliquidaciones.

Asimismo, los ingresos efectuados por el obligado tributario con posterioridad al inicio de las actuaciones o procedimientos, en relación con las obligaciones tributarias y períodos objeto del procedimiento, tendrán carácter de ingresos a cuenta sobre el importe de la liquidación que, en su caso, se practique, sin que esta circunstancia impida la apreciación de las infracciones tributarias que puedan corresponder. En este caso, no se devengarán intereses de demora sobre la cantidad ingresada desde el día siguiente a aquel en que se realizó el ingreso».

Cuando el **procedimiento se inicie a instancia del obligado tributario** hay que atender a lo dispuesto en el artículo 88 del RGAT que contempla que podrá realizarse mediante autoliquidación, declaración, comunicación de datos, solicitud o cualquier otro medio previsto en la normativa aplicable, que podrán ser presentados en papel o por medios electrónicos, informáticos y telemáticos.

En el caso de que se inicie mediante solicitud, se exige que esta contenga como mínimo:

- Nombre y apellidos o razón social o denominación completa, número de identificación fiscal del obligado tributario y, en su caso, del representante.

- Hechos, razones y petición en que se concrete la solicitud.

- Lugar, fecha y firma del solicitante o acreditación de la autenticidad de su voluntad expresada por cualquier medio válido en derecho.

- Órgano al que se dirige.

- La documentación acreditativa de la representación, en el caso de que se actúe mediante representante.

- Puede incluirse domicilio a efectos de notificaciones.

Si no contuviese alguno de estos datos se requerirá al interesado para que en un plazo de 10 días subsane la falta o acompañe los documentos preceptivos, indicándole que si así no lo hiciera se le tendrá por desistido y se procederá al archivo sin más trámite.

RESOLUCIÓN ADMINISTRATIVA

Consulta vinculante (V2269-18), de 1 de agosto de 2018

Asunto: Competencia para aprobar modelos de declaración, autoliquidación y comunicación.

«El citado precepto [artículo 98 de la LGT] es objeto de desarrollo por parte del artículo 117 del Reglamento General de las actuaciones y los procedimientos de gestión e inspección tributaria y de desarrollo de las normas comunes de los procedimientos de aplicación de los tributos, aprobado por el Real Decreto 1065/2007, de 27 de julio, el cual establece en su apartado 1 lo siguiente:

"1. A efectos de lo previsto en el artículo 98.3 de la Ley 58/2003, de 17 de diciembre, General Tributaria, en el ámbito de competencias del Estado, los modelos de declaración, autoliquidación y comunicación de datos se aprobarán por el Ministro de Economía y Hacienda, que establecerá la forma, lugar y plazos de su presentación y, en su caso, del ingreso de la deuda tributaria, así como los supuestos y condiciones de presentación por medios electrónicos, informáticos y telemáticos.

Asimismo, podrá aprobar la utilización de modalidades simplificadas o especiales de declaración, autoliquidación o comunicación de datos y los supuestos en los que los datos consignados se entenderán subsistentes para periodos sucesivos, si el contribuyente no comunica variación en los mismos.".

Por tanto, en el ámbito de las competencias propias de las Entidades Locales, todo lo señalado anteriormente deberá ajustarse a lo dispuesto en la normativa propia y específica que regula la gestión de los tributos locales».

|| El desarrollo de las actuaciones y procedimientos tributarios

En el desarrollo de las actuaciones y procedimientos tributarios, la Administración facilitará en todo momento a los obligados tributarios el ejercicio de los derechos y el cumplimiento de sus obligaciones:

- Los obligados tributarios pueden rehusar la presentación de los documentos que no resulten exigibles por la normativa tributaria y de aquellos que hayan sido previamente presentados por ellos mismos y que se encuentren en poder de la Administración tributaria actuante. En todo caso, podrá requerirse al interesado que ratifique datos específicos propios o de terceros que hubiesen sido aportados previamente.

- Los obligados tributarios tienen derecho a que se les expida certificación de las autoliquidaciones, declaraciones y comunicaciones que hayan presentado o de extremos concretos contenidos en las mismas.

- El obligado que sea parte en una actuación o procedimiento tributario podrá obtener a su costa copia de los documentos que figuren en el expediente, salvo que afecten a intereses de terceros o a la intimidad de otras personas o que así lo disponga la normativa vigente. Las copias se facilitarán en el trámite de audiencia o, en defecto de éste, en el de alegaciones posterior a la propuesta de resolución.

- El acceso a los registros y documentos que formen parte de un expediente concluido a la fecha de la solicitud y que obren en los archivos administrativos únicamente podrá ser solicitado por el obligado tributario que haya sido parte en el procedimiento tributario.

CUESTIONES

1. ¿Cuándo pueden llevarse a cabo las actuaciones?

A la hora de establecer el lugar y horario de las actuaciones el artículo 90 del RGAT diferencia tres supuestos:

- Si las actuaciones se realizan en oficinas públicas se llevarán a cabo dentro del horario oficial de apertura al público y, en todo caso, dentro de la jornada de trabajo.

- Si por el contrario se desarrollan en los locales del obligado tributario deberá respetarse la jornada laboral de oficina o de la actividad que se realice en ellos, salvo que exista consentimiento del obligado tributario.

- Si existiese una autorización judicial para la entrada en el domicilio del obligado tributario constitucionalmente protegido, las actuaciones se ajustarán a lo que disponga dicha autorización en relación con la jornada y el horario para realizarlas.

2. ¿Pueden ampliarse los plazos de tramitación?

Sí, el artículo 91 del RGAT recoge la posibilidad de que el órgano a quien corresponda la tramitación del procedimiento pueda conceder una ampliación de los plazos de tramitación, a petición de los obligados tributarios. No podrá exceder de la mitad de dicho plazo ni concederse más de una ampliación. Para otorgarla se exigen 3 requisitos:

- Que se solicite con anterioridad a los tres días previos a la finalización del plazo que se pretende ampliar.

– Que se justifique la concurrencia de circunstancias que lo aconsejen.

– Que no se perjudiquen derechos de terceros.

Además, hay que destacar que esta ampliación se entenderá automáticamente concedida por la mitad del plazo inicialmente fijado con la presentación en plazo de la solicitud, salvo que se notifique de forma expresa la denegación antes de la finalización del plazo que se pretenda ampliar, y si la concesión de la ampliación es expresa podrá establecerse un plazo de ampliación distinto e inferior.

3. ¿Tienen los obligados tributarios derecho a acceder a los registros y documentos del expediente?

Sí, y en este sentido conviene destacar los siguientes artículos del RGAT:

– Artículo 94 del RGAT: Regula el acceso a archivos y registros administrativos.

– Artículo 95 del RGAT: Dedicado a la obtención de copias y sus condiciones.

‖ La práctica de la prueba

A diferencia de lo que ocurre en el procedimiento administrativo común, en los procedimientos tributarios no se exige la apertura de un período específico ni la comunicación previa de las actuaciones a los interesados para la práctica de la prueba.

Tal y como señala el **Tribunal Supremo en su auto, rec. n.º 5958/2023, de 29 de mayo de 2024, ECLI:ES:TS:2024:6252A**, con relación al procedimiento sancionador: «*Es cierto que la normativa reguladora del procedimiento sancionador tributario posee determinadas singularidades respecto del régimen común. Entre otras, no se prevé la apertura de un periodo específico de prueba (art. 99.6 LGT, por remisión del art. 207.b) y 210.1 LGT) y se permite que se incorpore al acuerdo de inicio del procedimiento la propuesta de imposición sanción cuando se encuentren en poder del órgano competente todos los elementos que permitan fundar, a su juicio, dicha propuesta (art. 210.5 LGT)*».

‖ La documentación de las actuaciones

Las actuaciones de la Administración tributaria en los procedimientos de aplicación de los tributos se documentarán en comunicaciones, diligencias, informes y otros documentos previstos en la normativa específica de cada procedimiento.

El apartado 7 del artículo 99 de la LGT nos facilita las definiciones de:

- **Comunicaciones:** son los documentos a través de los cuales la Administración notifica al obligado tributario el inicio del procedimiento u otros hechos o circunstancias relativos al mismo o efectúa los requerimientos que sean necesarios a cualquier persona o entidad. Las comunicaciones podrán incorporarse al contenido de las diligencias que se extiendan. Deberán contener, como mínimo:

  » Lugar y fecha de su expedición.

  » Nombre y apellidos o razón social o denominación completa y número de identificación fiscal de la persona o entidad a la que se dirige.

» Lugar al que se dirige.

» Hechos o circunstancias que se comunican o contenido del requerimiento que se realiza mediante la comunicación.

» Órgano que la expide y nombre y apellidos y firma de la persona que la emite.

» En el caso de que sirva para notificar el inicio de una actuación o procedimiento también deberá incluir el contenido previsto en el artículo 87.3 del RGAT.

• **Diligencias:** son los documentos públicos que se extienden para hacer constar hechos, así como las manifestaciones del obligado tributario o persona con la que se entiendan las actuaciones. Las diligencias no podrán contener propuestas de liquidaciones tributarias. Como mínimo, las diligencias contendrán:

» Lugar y fecha de su expedición.

» Nombre, apellidos y firma de la persona al servicio de la Administración tributaria interviniente.

» Nombre, apellidos, número de identificación fiscal y firma de la persona con la que, en su caso, se entiendan las actuaciones, así como el carácter o representación con el que interviene.

» Nombre y apellidos o razón social o denominación completa y número de identificación fiscal del obligado tributario al que se refieren las actuaciones.

» Procedimiento o actuación en cuyo curso se expide.

» Hechos y circunstancias que se hagan constar.

» Las alegaciones o manifestaciones con relevancia tributaria realizadas, en su caso, por el obligado tributario, entre las que deberá figurar la conformidad o no con los hechos y circunstancias que se hacen constar.

Además, en las mismas, también podrá hacerse constar:

» La iniciación de la actuación o procedimiento y las comunicaciones y requerimientos que se efectúen a los obligados tributarios.

» Los resultados de las actuaciones de obtención de información.

» La adopción de medidas cautelares en el curso del procedimiento y la descripción de estas.

» Los hechos resultantes de la comprobación de las obligaciones.

» La representación otorgada mediante declaración en comparecencia personal del obligado tributario ante el órgano administrativo competente.

» Los hechos y circunstancias determinantes de la iniciación de otro procedimiento o que deban ser incorporados en otro ya iniciado.

• **Informes:** son documentos emitidos por los órganos de la Administración tributaria, de oficio o a petición de terceros, en aquellos supuestos en los que sean preceptivos conforme al ordenamiento jurídico, los soliciten otros órganos y servicios de las Administraciones públicas o los poderes legislativo y judicial, en los términos previstos por las Leyes, y cuando resulten necesarios para la aplicación de los tributos. En particular, el artículo 100 del RGAT, dispone que deberá emitirse informe por los órganos de aplicación de los tributos en dos supuestos:

» Cuando se complementen las diligencias que recojan hechos o conductas que pudieran ser constitutivos de infracciones tributarias y no corresponda al mismo órgano la tramitación del procedimiento sancionador.

» Cuando se aprecien indicios de delito contra la Hacienda pública y se remita el expediente al órgano judicial competente o al Ministerio Fiscal

|| Trámite de audiencia y alegaciones

Durante el trámite de audiencia se pondrá de manifiesto al obligado tributario el expediente, que incluirá:

• Las actuaciones realizadas.

• Todos los elementos de prueba que obren en poder de la Administración.

• Los informes emitidos por otros órganos.

• Además, se incorporarán las alegaciones y los documentos que los obligados tributarios tienen derecho a presentar en cualquier momento anterior al trámite de audiencia, que serán tenidos en cuenta por los órganos competentes al redactar la correspondiente propuesta de resolución o de liquidación.

En los procedimientos tributarios se podrá prescindir del trámite de audiencia previo a la propuesta de resolución cuando:

• Se suscriban actas con acuerdo.

• Cuando en las normas reguladoras del procedimiento esté previsto un trámite de alegaciones posterior a dicha propuesta. El expediente se pondrá de manifiesto en el trámite de alegaciones.

• El artículo 96 del RGAT añade otro supuesto en el que se puede prescindir del trámite de audiencia, o en su caso del plazo para formular alegaciones, cuando no figuren en el procedimiento ni sean tenidos en cuenta en la resolución otros hechos ni otras alegaciones y pruebas que las presentadas por el interesado.

Cuando se prescinda del trámite de audiencia por estar previsto un trámite de alegaciones posterior a la propuesta de resolución o de liquidación, la Administración tributaria deberá notificar al obligado dicha propuesta para que efectúe las alegaciones que considere oportunas.

Este trámite de alegaciones no podrá tener una duración inferior a 10 días ni superior a 15. Cuando antes del vencimiento del plazo de audiencia o, en su caso, de alegaciones, el obligado tributario manifestase su decisión de no efectuar alegaciones ni aportar nuevos documentos ni justificantes, se tendrá por realizado el trámite y se dejará constancia en el expediente de dicha circunstancia.

El Real Decreto-Ley 22/2020, de 16 de junio, añadió un nuevo apartado 9 al artículo 99 de la LGT, vigente desde el 17 de junio de 2020, en el que se regula la posibilidad de que las actuaciones de la Administración y de los obligados tributarios en los procedimientos de aplicación de los tributos puedan realizarse a través de sistemas digitales que, mediante la videoconferencia u otro sistema similar, permitan la comunicación bidireccional y simultánea de imagen y sonido, la interacción visual, auditiva y verbal entre los obligados tributarios y el órgano actuante, y garanticen la transmisión y recepción seguras de los documentos que, en su caso, recojan el resultado de las actuaciones realizadas, asegurando su autoría, autenticidad e integridad. El uso de estos sistemas se llevará a cabo cuando lo determine la Administración Tributaria, y requiere la conformidad del obligado tributario en relación con su uso y con la fecha y hora en la que se desarrolle.

A TENER EN CUENTA. Tras el trámite de audiencia no podrán incorporarse al expediente más documentos acreditativos de los hechos, salvo que se demuestre que fue imposible haberlos aportado antes de la finalización de dicho trámite.

RESOLUCIÓN RELEVANTE

Sentencia del Tribunal Superior de Justicia de Andalucía n.º 2086/2025, de 3 de octubre, ECLI:ES:TSJAND:2025:16039

Asunto: Prevalencia de la normativa tributaria sobre la Ley 39/2015.

«La Sala entiende que no es aplicable al caso de autos el invocado por la actora art. 28 de la Ley 39/2015 porque la normativa tributaria contiene también reglas relativas a la aportación de documentos por los contribuyentes y son las que deben ser observadas en el presente supuesto, concretamente los arts. 34 y 99 LGT.

El art. 34.1.h) establece en favor del contribuyente el Derecho a no aportar aquellos documentos ya presentados por ellos mismos y que se encuentren en poder de la Administración actuante, siempre que el obligado tributario indique el día y procedimiento en el que los presentó

Y el Artículo 99. Desarrollo de las actuaciones y procedimientos tributarios.

1. En el desarrollo de las actuaciones y procedimientos tributarios, la Administración facilitará en todo momento a los obligados tributarios el ejercicio de los derechos y el cumplimiento de sus obligaciones, en los términos previstos en los apartados siguientes.

2. Los obligados tributarios pueden rehusar la presentación de los documentos que no resulten exigibles por la normativa tributaria y de aquellos que hayan sido previamente presentados por ellos mismos y que se encuentren en poder de la Administración tributaria actuante. Se podrá, en todo caso, requerir al interesado la ratificación de datos específicos propios o de terceros, previamente aportados.

La ley 39/2015 rige el procedimiento administrativo común, y los procedimientos tributarios se rigen por la Ley General Tributaria, que a su vez se remite a la Ley 39/2015 para aspectos no previstos en su legislación específica. , siendo aquélla derecho supletorio del Derecho Tributario conforme al art. 7.2 LGT

> *En el ámbito tributario se suprime la referencia a "otras Administraciones" y se restringe "a la Administración actuante", así como debe tratarse de documentos y no de meros datos.*
>
> *Por tanto conforme a los preceptos de la LGT el obligado tributario podrá no aportar o rehusar la aportación de documentos cuando no resulten exigibles conforme a la normativa vigente o cuando ya hayan sido presentados por aquél y obren en poder de la Administración tributaria actuante».*

|| Terminación de los procedimientos tributarios

La Ley General Tributaria dedica su **artículo 100** a analizar la terminación de los procedimientos tributarios, y señala las formas en las que estos procedimientos se terminan:

- La **resolución**. Tendrá la consideración de resolución la contestación efectuada de forma automatizada por la Administración tributaria en aquellos procedimientos en que esté prevista esta forma de terminación.

- El **desistimiento**.

- La **renuncia** al derecho en que se fundamente la solicitud.

- La imposibilidad material de continuarlos por **causas sobrevenidas**.

- La **caducidad**.

- El **cumplimiento de la obligación** que hubiera sido objeto de requerimiento.

- Cualquier otra causa prevista en el ordenamiento tributario.

Con relación a la resolución, el artículo 101 del RGAT exige que la misma sea motivada en los supuestos que disponga la normativa aplicable, y aclara que decidirá todas las cuestiones planteadas propias de cada procedimiento y aquellas otras que se deriven de él.

La resolución deberá contener:

- Nombre y apellidos o razón social o denominación completa del obligado tributario.

- Número de identificación fiscal del obligado tributario.

- Fecha.

- Identificación del órgano que dicta la resolución.

- Identificación del derecho u obligación tributaria objeto del procedimiento.

- En su caso, los hechos y fundamentos de derecho que la motivan.

- Además, en el caso de que contenga una liquidación, incluirá, si precede, los intereses de demora correspondientes.

1.3. Liquidaciones tributarias provisionales o definitivas

Liquidaciones tributarias: concepto y tipos

En sentido amplio, la gestión tributaria comprende la función liquidatoria y la recaudatoria. La cuantificación de la deuda tributaria, compleja en ocasiones en tributos de cuota variable, constituye pues una de las actividades esenciales de la Administración tributaria.

Las liquidaciones tributarias son actos administrativos mediante los cuales la Administración tributaria determina el importe de la deuda tributaria o la cantidad que, en su caso, resulte a devolver o compensar, conforme a la normativa tributaria.

La concepción tradicional del procedimiento liquidatorio, basado en las cuatro fases de declaración, liquidación provisional, comprobación y liquidación definitiva, se encuentra ampliamente superada en un sistema tributario masivo; actualmente la cuantificación de la deuda puede ser realizada en muchos casos por el **propio obligado tributario** mediante la declaración-autoliquidación. Este nuevo fenómeno de socialización de la gestión tributaria se ve compensado con la asunción de funciones de comprobación e investigación por los órganos administrativos de gestión ante el mayor riesgo de fraude fiscal; paralelamente los órganos de inspección asumen funciones liquidadoras. Con ello se encuentra superada la tradicional distinción entre funciones gestoras de liquidación y funciones inspectoras de comprobación y liquidación, que ahora se delimitan en función del carácter masivo o individualizado de la correspondiente actuación administrativa.

La liquidación admite un **doble significado**:

- Como procedimiento de liquidación, comprende la serie de actividades precisas para la cuantificación de la deuda.

- En sentido estricto, equivale al acto administrativo de la liquidación del tributo.

En el sentido del **artículo 101 de la LGT**, es un acto resolutorio, realizado por el órgano competente de la Administración, mediante el cual realiza las operaciones de cuantificación necesarias y determina el importe de la deuda tributaria o de la cantidad que, en su caso resulte a devolver o a compensar de acuerdo con la normativa tributaria. En palabras de la DGT, en su **consulta vinculante (V4779-16), de 10 de noviembre**: «(...) *la liquidación tributaria puede calificarse como un acto administrativo resolutorio con el que, en su caso, finalizan los procedimientos de aplicación de los tributos*».

La liquidación tiene que ser **motivada**, con referencia a los hechos y fundamentos de derecho. Así lo establece el artículo 103.3 de la LGT, de acuerdo con la regla general establecida en el artículo 35 de la LPAC, bajo la sanción de nulidad. El acto liquidatorio deberá expresar, pues, los presupuestos y criterios que ha tenido en cuenta la Administración tributaria para cuantificar la prestación.

> **CUESTIÓN**
>
> **¿Las autoliquidaciones realizadas por el propio contribuyente se incluyen en este concepto?**
>
> No, sólo las liquidaciones practicadas por la Administración tienen el carácter de acto administrativo; no así la autoliquidación del administrado (artículo 120 de la LGT), que, aunque supone la cuantificación de la prestación no constituye acto resolutorio. Por ello, la autoliquidación no es susceptible de impugnación, en cuanto en todo caso requiere un acto administrativo, expreso o presunto, confirmatorio o revocatorio, que es el acto impugnable. La liquidación no conduce, pues, en todo caso, a un ingreso a favor del Tesoro, en cuanto puede dar lugar a una devolución a favor del obligado tributario.

|| Tipos de liquidaciones

La LGT distingue entre liquidaciones provisionales y definitivas. La **liquidación definitiva** es la practicada previa comprobación administrativa del hecho imponible y de su valoración, siempre que la comprobación se haya realizado en el procedimiento de inspección, y la actuación haya tenido alcance general en el sentido del artículo 148 de la LGT, sin que baste, en consecuencia, la comprobación en fase de gestión o la comprobación realizada por la Inspección con carácter parcial sobre alguno de los elementos de la obligación tributaria.

Por lo tanto, fuera de los casos en que la liquidación es definitiva conforme a los criterios expuestos, la liquidación tiene **carácter provisional.** Así, el artículo 139.2 de la LGT establece que se dictará liquidación provisional tras el procedimiento de comprobación limitada. Podrán dictarse liquidaciones provisionales en el procedimiento de inspección en los siguientes supuestos:

- Cuando alguno de los elementos de la obligación tributaria se determine en función de los correspondientes a otras obligaciones que no hubieran sido comprobadas, que hubieran sido regularizadas mediante liquidación provisional o mediante liquidación definitiva que no fuera firme, o cuando existan elementos de la obligación tributaria cuya comprobación con carácter definitivo no hubiera sido posible durante el procedimiento, en los términos que se establezcan reglamentariamente.

- Cuando proceda formular distintas propuestas de liquidación en relación con una misma obligación tributaria. Se entenderá que concurre esta circunstancia en los siguientes casos:

  » Que las actas con acuerdo a las que se refiere el artículo 155 de la LGT no incluya todos los elementos de la obligación tributaria.

  » Cuando la conformidad del obligado no se refiera a toda la propuesta de regularización.

» Cuando se realice una comprobación de valor y no sea el objeto único de la regularización.

» Cuando así esté previsto reglamentariamente.

- También tendrán el carácter de provisionales las liquidaciones dictadas que se encuentren referidas a elementos de la obligación tributaria vinculados con un posible delito contra la Hacienda Pública.

Tal y como recoge la **Dirección General de Tributos en su consulta vinculante (V0821-20), de 13 de abril de 2020**:

> «**El carácter de liquidación provisional no afecta en absoluto a la eficacia de la misma** y a la obligación del sujeto pasivo de proceder al ingreso de la deuda tributaria en los plazos establecidos.
>
> La eficacia de la liquidación tributaria no está supeditada a ninguna firma por parte del sujeto pasivo, ni a la aceptación por su parte».

La liquidación definitiva, a diferencia de la provisional, sólo puede ser rectificada por la Administración siguiendo el procedimiento formal de revisión de actos administrativos o a través de su impugnación. Por el contrario, la liquidación provisional puede ser rectificada por la Administración en el mismo procedimiento de gestión, aunque con determinadas limitaciones cuando se haya seguido un procedimiento de comprobación limitada (artículo 140 de la LGT).

En este sentido el **Tribunal Supremo en su sentencia n.º 288/2022, de 8 de marzo, ECLI:ES:TS:2022:861**, se refiere a la diferencia entre los dos tipos de liquidaciones en los siguientes términos:

> «(...) La dicotomía entre liquidaciones provisionales y definitivas **no obedece a que las primeras tengan limitada en el tiempo su eficacia** -como la Administración entendió en este caso-, **sino a que son susceptibles de rectificación en un posterior procedimiento de aplicación de los tributos.** Por acudir a un símil procesal, las liquidaciones provisionales no pasan en autoridad de cosa juzgada.
>
> **La emisión de una u otra clase de liquidación no es un acto discrecional, sino reglado.** Las liquidaciones practicadas en el procedimiento inspector "previa comprobación e investigación de la totalidad de los elementos de la obligación tributaria", son definitivas, según el apartado 3.a) del mencionado art. 101. Y dado que la Inspección en este caso había comprobado la totalidad de los elementos de la obligación del contribuyente relativa al impuesto sucesorio, no estaba habilitada para dictar una liquidación provisional».

‖ La notificación de las liquidaciones tributarias

Las liquidaciones deberán ser **notificadas** a los obligados tributarios en los términos previstos en la sección III del capítulo II del título III de la LGT (artículos 109 a 112), que a su vez se remite al régimen de notificaciones previsto en las normas administrativas con algunas especialidades.

En cuanto al lugar de práctica de las notificaciones hay que diferenciar dos supuestos:

- Cuando se trate de procedimientos iniciados a solicitud del interesado: la notificación se practicará en el lugar señalado a tal efecto por el obligado tributario o su representante o, en su defecto, en el domicilio fiscal de uno u otro.

- Cuando se trate de procedimientos iniciados de oficio: la notificación podrá practicarse en el domicilio fiscal del obligado tributario o su representante, en el centro de trabajo, en el lugar donde se desarrolle la actividad económica o en cualquier otro adecuado a tal fin.

Si la notificación se practicase en el lugar señalado al efecto por el obligado tributario o por su representante, o en el domicilio fiscal de uno u otro, de no hallarse presentes en el momento de la entrega, podrá hacerse cargo de la misma cualquier persona que se encuentre en dicho lugar o domicilio y haga constar su identidad, así como los empleados de la comunidad de vecinos o de propietarios donde radique el lugar señalado a efectos de notificaciones o el domicilio fiscal del obligado o su representante (artículo 111.1 de la LGT).

Si el interesado o su representante rechazan la notificación se tendrá por efectuada.

En el caso de que no sea posible efectuar la notificación al interesado o a su representante por causas no imputables a la Administración tributaria e intentada al menos dos veces en el domicilio fiscal, o en el designado por el interesado si se trata de un procedimiento iniciado a solicitud del mismo, se harán constar en el expediente las circunstancias de los intentos de notificación. Será suficiente un único intento si el destinatario figura como desconocido en el domicilio o lugar indicado.

En este caso, se citará al interesado o a su representante para que sea notificado mediante comparecencia, a través de anuncios publicados una sola vez para cada interesado en el «Boletín Oficial del Estado». La publicación en el BOE se realizará los lunes, miércoles y viernes de cada semana. Estos anuncios podrán también exponerse en la oficina de la Administración tributaria correspondiente al último domicilio fiscal conocido. Si el último domicilio conocido estuviera en el extranjero, el anuncio podrá exponerse en el consulado o sección consular de la embajada correspondiente.

En la publicación se incluirá la relación de notificaciones pendientes, indicando el obligado tributario o su representante, el procedimiento que las motiva, el órgano competente para su tramitación, así como el lugar y plazo en el que el destinatario deberá comparecer para ser notificado.

La comparecencia deberá realizarse en un plazo de 15 días naturales, contados desde el día siguiente a la publicación del anuncio en el BOE. Si transcurrido dicho plazo el interesado no comparece, la notificación se considerará efectuada a todos los efectos legales el día siguiente al vencimiento del plazo señalado.

En caso de que el inicio de un procedimiento o cualquiera de sus trámites se consideren notificados por la falta de comparecencia del obligado tributario o su representante, se entenderá que este ha sido notificado de las actuaciones y diligencias posteriores del procedimiento. No obstante, se mantendrá el derecho del interesado a comparecer en cualquier momento del mismo. Las liquidaciones que se dicten en el procedimiento y los acuerdos de enajenación de bienes embargados deberán ser notificados conforme a lo establecido en la sección III del capítulo II del título III de la LGT.

Sobre la eficacia de la notificación el Tribunal Supremo ha señalado que la misma debe valorarse en cada caso concreto, recalcando la dificultad de establecer una doctrina general. A modo de ejemplo, véase la **STS n.º 448/2021, de 25 de marzo, ECLI:ES:TS:2021:1117**:

> «Ha declarado esta Sala en numerosas ocasiones, como luego se expondrá, que, con carácter general y, por lo tanto, también en el ámbito tributario, la eficacia las notificaciones se encuentra estrechamente ligada a las circunstancias concretas del caso, lo que comporta inevitablemente un importante grado de casuismo en la materia, que exige que debamos partir del factum establecido en la sentencia recurrida.
>
> Resulta, pues, difícil juzgar en abstracto toda la casuística que la eficacia de las notificaciones puede producir, resultando, en consecuencia, muy complicado establecer una doctrina general. En efecto, el casuismo es, realmente, inagotable y exige estar al material probatorio del que se dispone en cada caso y a las declaraciones que -como hechos que no pueden controvertirse en casación- hayan efectuado los órganos de instancia.
>
> De ahí la dificultad de formar una jurisprudencia que vaya más allá de la respuesta que resuelva este asunto, lo que comporta que no pueda fijarse una doctrina general con valor de jurisprudencia sobre esta cuestión».

Además, el Tribunal Supremo también ha destacado en distintas ocasiones —como la **STS, recurso n.º 4484/2012, de 27 de noviembre, ECLI:ES:TS:2014:4922**— la importancia de valorar:

- El grado de diligencia mostrada tanto por el interesado como por la Administración.

- El conocimiento que, no obstante, el incumplimiento en su notificación de todas o algunas de las formalidades previstas en la norma, el interesado haya podido tener del acto o resolución por cualesquiera medios.

- El comportamiento de los terceros que, en atención a la cercanía o proximidad geográfica con el interesado, pueden aceptar y aceptan la notificación.

Y añade, con relación a la buena fe exigible a ambas partes, que:

> «a) Que el acto o resolución debe entenderse por correctamente practicada cuando, como advierten expresamente algunas normas vigentes (arts. 111.2 LGT ; 59.4 de la Ley 30/1992 ; y 43.a) del Real Decreto 1829/1999), **el interesado rehúse su notificación** [Sentencia de esta Sala de 18 de diciembre de 2008 (rec. cas. núm. 3302/2006), FD Tercero; en los mismos términos, Sentencias de 2 de abril de 2009 (rec. cas. núm.

3251/2006), FD Tercero ; y de 16 de diciembre de 2010 (rec. cas. núm. 3943/2007), FD Tercero].

b) Que carece de trascendencia que la notificación sea defectuosa si **consta que el interesado ha podido conocer la decisión que se le pretendía comunicar;** porque el principio de buena fe impide tutelar al recurrente cuando utiliza los errores incurridos por la Administración en la notificación, «con propósitos no de auténtica defensa, sino de obstrucción a la actuación de la Administración tributaria» [Sentencia de 28 de julio de 2000 (rec. cas. núm. 6927/1995), FD Tercero].

c) Que si **el interesado incumple con la carga de comunicar el domicilio o el cambio del mismo,** en principio -y, reiteramos la precisión, siempre que la Administración haya demostrado la diligencia y buena fe que también le son exigibles-, debe sufrir las consecuencias perjudiciales de dicho incumplimiento [Sentencias de 10 de junio de 2009, cit., FD Cuarto ; y de 16 de junio de 2009 , cit., FD Segundo].

d) Y, finalmente, que, con carácter general, **no cabe que el interesado alegue que la notificación se produjo en un lugar o con persona improcedente cuando recibió sin problemas y sin reparo alguno otras recogidas en el mismo sitio o por la misma persona** [STC 155/1989, de 5 de octubre , FJ 3; ATC 89/2004, de 22 de marzo , FJ 3; ATC 387/2005, de 13 de noviembre , FJ 3; Sentencias del Tribunal Supremo de 28 de octubre de 2004 (rec. cas. en interés de ley núm. 70/2003), FD Cuarto; de 27 de noviembre de 2008 (rec. cas. núm. 5565/2006), FD Cuarto; y de 22 de marzo de 1997 (rec. de apelación. núm. 12960/1991), FD Segundo]».

Las liquidaciones notificadas deben incluir:

- La identificación del obligado tributario.
- Los elementos determinantes de la cuantía de la deuda tributaria.
- La motivación de las mismas cuando no se ajusten a los datos consignados por el obligado tributario o a la aplicación o interpretación de la normativa realizada por el mismo, con expresión de los hechos y elementos esenciales que las originen, así como de los fundamentos de derecho.
- Los medios de impugnación que puedan ser ejercidos, órgano ante el que hayan de presentarse y plazo para su interposición.
- El lugar, plazo y forma en que debe ser satisfecha la deuda tributaria.
- Su carácter de provisional o definitiva.

En los tributos de cobro periódico, una vez notificada la liquidación correspondiente al alta en el respectivo registro, padrón o matrícula, podrán notificarse colectivamente las sucesivas liquidaciones mediante edictos que así lo adviertan.

Así lo ha ratificado el Tribunal Supremo en su **sentencia, recurso n.º 2884/2010, de 19 de diciembre de 2011, ECLI:ES:TS:2011:9135**: «(...) *en las liquidaciones de tributos de cobro periódico, una vez notificada la correspondiente al alta, las sucesivas liquidaciones no requieren de notificación individual, siendo suficiente la notificación colectiva, mediante edictos que* *así lo adviertan, salvo que no exista identidad sustancial entre los datos y elementos esenciales de la liquidación inicial y las posteriores periódicas».*

Cuando exista un aumento de base imponible sobre la resultante de las declaraciones deberá notificarse al contribuyente con expresión concreta de los hechos y elementos adicionales que lo motiven, excepto cuando la modificación provenga de revalorizaciones de carácter general autorizadas por las leyes.

En los supuestos que así se determine reglamentariamente no será preceptiva la notificación expresa, siempre que la Administración así lo advierta por escrito al obligado tributario o a su representante.

RESOLUCIÓN RELEVANTE

Sentencia del Tribunal Supremo n.º 448/2021, de 25 de marzo, ECLI:ES:TS:2021:1117

Asunto: El carácter residual de la notificación edictal.

«En particular, el máximo intérprete de nuestra Constitución, subrayando el ca-
rácter "residual", "subsidiario", "supletorio" y "excepcional", de "último reme-
dio" -apelativos, todos ellos, empleados por el Tribunal- de la notificación median-
te edictos [SSTC 65/1999, de 26 de abril, FJ 2; 55/2003, de 24 de marzo, FJ 2;
43/2006, de 13 de febrero, FJ 2; 163/2007, de 2 de julio, FJ 2; 223/2007, de 22 de
octubre, FJ 2; 231/2007, de 5 de noviembre, FJ 2; 2/2008, de 14 de enero, FJ 2; y
128/2008, de 27 de octubre, FJ 2], ha señalado que tal procedimiento « sólo puede
ser empleado cuando se tiene la convicción o certeza de la inutilidad de cualquier
otra modalidad de citación» (STC 65/1999, cit., FJ 2); que el órgano judicial « ha
de extremar las gestiones en averiguación del paradero de sus destinatarios por
los medios normales a su alcance, de manera que el acuerdo o resolución judicial
que lleve a tener a la parte en un proceso como persona en ignorado paradero debe
fundarse en criterios de razonabilidad que conduzcan a la certeza, o cuando menos
a una convicción razonable, de la inutilidad de los medios normales de citación» (...)

Ahora bien, sobre estas afirmaciones generales deben hacerse algunas **matizaciones:**

- En primer lugar, que el **deber de diligencia del órgano judicial a la hora de in-**
dagar el domicilio no tiene siempre la misma intensidad, sino que varía en función
del acto que se comunica *(inicio de actuaciones judiciales o actos procesales de un*
procedimiento ya abierto) [SSTC 113/2001, cit., FJ 5; 150/2008, de 17 de noviembre,
FJ 2; y 158/2008, de 24 de noviembre, FJ 2].

- En segundo lugar, que " **dicha obligación debe ponderarse en función de la**
mayor o menor dificultad que el órgano judicial encuentre para la identificación o
localización de los titulares de los derechos e intereses en cuestión, *pues no pue-*
de imponérseles a los Tribunales la obligación de llevar a cabo largas y complejas
indagaciones ajenas a su función" (STC 188/1987, de 27 de noviembre, FJ 2; y Sen-
tencia de esta Sala 12 de julio de 2010 (rec. cas. núm. 90/2007), FD Tercero); sin
que se pueda "demandar del Juez o Tribunal correspondiente una desmedida labor
investigadora y de cercioramiento sobre la efectividad del acto de comunicación en
cuestión" (STC 113/2001, de 7 de mayo, FJ 5; en términos parecidos, SSTC 55/2003,
de 24 de marzo, FJ 2; 90/2003, de 19 de marzo, FJ 2; 43/2006, de 13 de febrero, FJ
2; y 76/2006, de 13 de marzo).

- En tercer lugar, el Tribunal Constitucional viene señalando que **existe un espe-**
cial deber de diligencia de la Administración cuando se trata de la notificación de

sanciones, con relación a las cuales, en principio, " antes de acudir a la vía edictal", debe "intentar la notificación en el domicilio que aparezca en otros registros públicos" (SSTC 32/2008, de 25 de febrero, FJ 2; y 128/2008, de 27 de octubre, FJ 2).

*Todos los citados elementos deben ser ponderados tendiendo siempre presente, de un lado, el principio antiformalista que, como ya hemos señalado, rige en materia de notificaciones, y, en síntesis, viene a implicar que, en este ámbito, **lo decisivo no es que se cumplan las formalidades legales, sino que el interesado haya tenido o haya podido tener conocimiento tempestivo del acto**; y, de otro, el principio de buena fe que debe regir las relaciones entre la Administración y los administrados».*

1.4. Resolución de los procedimientos tributarios

La resolución de los procedimientos tributarios: regulación y efectos

La Administración tributaria está obligada a resolver expresamente todas las cuestiones que se planteen en los procedimientos de aplicación de los tributos, así como a notificar dicha resolución expresa.

No existirá obligación de resolver en los siguientes procedimientos:

- En los relativos al ejercicio de derechos que sólo deben ser objeto de comunicación por el obligado tributario.
- En los que se produzca la caducidad, la pérdida sobrevenida del objeto del procedimiento, la renuncia o el desistimiento de los interesados.

Sin embargo, incluso en estos supuestos, a solicitud del interesado, la Administración se encuentra obligada a dictar resolución, entendida en un sentido amplio, en la que declare que ha tenido lugar alguno de las referidas circunstancias.

El apartado tercero del artículo 103 de la LGT dispone que deberán ser motivados y con referencia sucinta a los hechos y fundamentos de derecho:

- Los actos de liquidación.
- Los actos de comprobación de valor.
- Los que impongan una obligación.
- Los que denieguen un beneficio fiscal.
- La suspensión de la ejecución de actos de aplicación de los tributos.
- Aquellos otros que se señalen en la normativa vigente.

La motivación de los actos administrativos, recogida con carácter general en el artículo 35 de la LPAC, y específicamente en el ámbito tributario en el artículo 103 de la LGT, está estrechamente relacionada con la prohibición de indefensión establecida en el artículo 24 de la CE. El deber de motivación alcanza a actos tributarios en sentido estricto o a decisiones de procedimiento. En cuanto a lo primero, resulta necesario que la Administración razone debidamente la concurrencia de los elementos esenciales que integran el **hecho imponible**, su atribución al sujeto pasivo y las demás circunstancias con trascendencia tributaria que conduzcan a la regularización o liquidación. Pero además de ello, la Administración debe motivar determinados actos de **carácter procesal**, como el que decide sobre la ejecución o suspensión de los actos de aplicación de los tributos.

CUESTIÓN

¿Qué datos deberá contener la resolución?

El artículo 101 del RGAT, en su apartado segundo, dispone que la resolución deberá mencionar expresamente:

- El nombre y apellidos o razón social o denominación completa del obligado tributario.
- El número de identificación fiscal del obligado tributario.
- La fecha.
- La identificación del órgano que dicta la resolución.
- La identificación del derecho u obligación tributaria objeto del procedimiento.
- En su caso, los hechos y fundamentos de derecho que la motivan.

Además, cuando la resolución contenga una liquidación, contendrá los intereses de demora correspondientes.

RESOLUCIÓN RELEVANTE

Sentencia del Tribunal Supremo n.° 494/2023, de 19 de abril, ECLI:ES:TS:2023:1811

Asunto: La extensión del plazo para resolver que exceda el plazo legal determinado requiere resolución expresa.

«(...) el artículo 91 RGI puede y debe ser objeto de una interpretación conforme en su contraste con los artículos 103 LGT con relación al artículo 54 Ley 30/1992 (artículo 35 Ley 39/2015) y con el citado art. 32 de la Ley 39/2015 .

De ese modo, esa previsión reglamentaria -que fomenta la agilidad procedimental-, puede justificar que la Administración no resuelva expresamente la petición del contribuyente sobre la extensión del plazo y, pese a ello, se entienda concedida la misma, únicamente cuando esa ampliación no traspase el ámbito temporal que tiene la Administración para resolver en plazo, es decir, cuando no exista conflicto, porque de todas formas -con o sin ampliación- la prescripción no juega en su contra.

Sin embargo, cuando el otorgamiento de la ampliación suponga exceder del plazo legal de terminación del procedimiento, la Administración no puede invocar la "concesión automática" de la ampliación sobre la base del art 91 RGIT para imputar una dilación indebida al contribuyente y poder mantener así, que ha liquidado en plazo, desde el momento que esa extensión temporal sirve, al mismo tiempo, para afirmar su derecho (el de la Administración) y para negar otro (el del contribuyente), lo que precisaría que se hubiera colmado la obligación legal de "resolver expresamente todas las cuestiones que se planteen en los procedimientos de aplicación de los tributos, así como a notificar dicha resolución expresa" (artículo 103.1 LGT)».

|| Plazos de resolución y efectos de la falta de resolución expresa

De acuerdo con la regla general establecida en el artículo 104 de la LGT, el plazo máximo para resolver en el procedimiento tributario es, salvo disposición en contrario, de **seis meses**, y su incumplimiento produce las consecuencias jurídicas que se detallan más abajo.

Este plazo tiene significadas excepciones, como, por ejemplo, el plazo en procedimientos especiales de revisión de actos nulos del **artículo 217.6 de la LGT**, o el plazo para resolver la reclamación económico-administrativa del **artículo 240.2 de la LGT**. Y también excepcionalmente, el procedimiento de apremio puede extenderse durante todo el tiempo que dura el plazo de prescripción del derecho que lo motiva.

La obligación de notificar dentro del plazo máximo de duración de los procedimientos se entenderá cumplida cuando se acredite que se ha realizado un intento de notificación que contenga el texto íntegro de la resolución. Cuando se trate de sujetos obligados o acogidos voluntariamente a recibir notificaciones practicadas por medio electrónicos, esta obligación de notificar en plazo se entiende cumplida con la puesta a disposición de la notificación en la sede electrónica de la Administración Tributaria o en la dirección electrónica habilitada.

Hay que tener en cuenta, que la LGT especifica que **no se incluirán en el cómputo del plazo** de resolución:

- Los períodos de interrupción justificada que se especifiquen reglamentariamente.

- Las dilaciones en el procedimiento por causa no imputable a la Administración Tributaria.

- Los períodos de suspensión del plazo que se produzcan conforme a lo previsto en la LGT.

Por su parte, el artículo 102 del RGAT añade que tanto los períodos de interrupción justificada, como las dilaciones por causa no imputable a la Administración y los periodos de suspensión y de extensión del plazo del procedimiento inspector **deberán documentarse adecuadamente** para su constancia en el expediente. Además, los períodos de interrupción justificada y las dilaciones por causa no imputable a la Administración no impedirán la práctica de las actuaciones que durante dicha situación pudieran desarrollarse.

El artículo 103 del RGAT contiene un listado de supuestos en los que se entenderá que estamos ante **períodos de interrupción justificada**:

- Cuando, por cualquier medio, se pidan datos, informes, dictámenes, valoraciones o documentos a otros órganos o unidades administrativas de la misma o de otras Administraciones, por el tiempo que transcurra desde la remisión de la petición hasta la recepción de aquellos por el órgano competente para continuar el procedimiento, sin que la interrupción por este concepto pueda exceder, para todas las peticiones de datos, informes, dictámenes, valoraciones o documentos que pudieran efectuarse, de seis meses. Cuando se trate de solicitudes formuladas a otros Estados, este plazo será de 12 meses.

- Cuando, por cualquier medio, se pidan datos, informes, dictámenes o valoraciones a otro Estado o entidad internacional o supranacional como consecuencia de la información previamente recibida de los mismos en el marco de la asistencia mutua, por el tiempo que transcurra desde la remisión de la petición a la autoridad competente del otro Estado o entidad hasta la recepción de aquellos por el órgano competente para continuar el procedimiento, sin que la interrupción por este concepto pueda exceder, para todas las peticiones, de 12 meses.

- Cuando se aprecien indicios de delito contra la Hacienda pública y se remita el expediente al Ministerio Fiscal o a la jurisdicción competente, por el tiempo que transcurra desde dicha remisión hasta que, en su caso, se produzca la recepción del expediente devuelto o de la resolución judicial por el órgano competente para continuar el procedimiento.

- Cuando la determinación o imputación de la obligación tributaria dependa directamente de actuaciones judiciales en el ámbito penal, por el tiempo transcurrido desde que se tenga conocimiento de la existencia de dichas actuaciones y se deje constancia de este hecho en el expediente o desde que se remita el expediente a la jurisdicción competente o al Ministerio Fiscal hasta que se conozca la resolución por el órgano competente para continuar el procedimiento. Sin embargo, cuando sea posible y resulte procedente podrán practicarse liquidaciones provisionales.

- Cuando concurra alguna causa de fuerza mayor que obligue a la Administración a interrumpir sus actuaciones, por el tiempo de duración de dicha causa. No obstante, cuando sea posible y resulte procedente podrán practicarse liquidaciones provisionales.

- Cuando se plantee el conflicto de competencias ante las Juntas Arbitrales previstas en los artículos 24 de la Ley Orgánica 8/1980, de 22 de septiembre, de Financiación de las Comunidades Autónomas, 66 de la Ley 12/2002, de 23 de mayo, por la que se aprueba el Concierto Económico entre el Estado y la Comunidad Autónoma del País Vasco, y 51 de la Ley 25/2003, de 15 de julio, por la que se aprueba la modificación del Convenio Económico entre el Estado y la Comunidad Foral de Navarra, por el tiempo que transcurra desde el planteamiento del conflicto hasta la resolución dictada por la respectiva Junta Arbitral.

Por otro lado, el artículo 104 del RGAT considera **dilaciones no imputables a la Administración tributaria**:

- Los retrasos por parte del obligado tributario al que se refiera el procedimiento en el cumplimiento de comparecencias o requerimientos de aportación de documentos, antecedentes o información con trascendencia tributaria formulados por la Administración tributaria. La dilación se computará desde el día siguiente al de la fecha fijada para la comparecencia o desde el día siguiente al del fin del plazo concedido para la atención del requerimiento hasta el íntegro cumplimiento de lo solicitado. Los requerimientos de documentos, antecedentes o información con trascendencia tributaria que no figuren íntegramente cumplimentados no se tendrán por atendidos a efectos de este cómputo hasta que se cumplimenten debidamente, lo que se advertirá al obligado tributario, salvo que la normativa específica establezca otra cosa.

- La aportación por el obligado tributario de nuevos documentos y pruebas una vez realizado el trámite de audiencia o, en su caso, de alegaciones. La dilación se computará desde el día siguiente al de finalización del plazo de dicho trámite hasta la fecha en que se aporten. Cuando los documentos hubiesen sido requeridos durante la tramitación del procedimiento se aplicará lo dispuesto en el punto anterior.

- La concesión por la Administración de la ampliación de cualquier plazo, así como la concesión del aplazamiento de las actuaciones solicitado por el obligado, por el tiempo que medie desde el día siguiente al de la finalización del plazo previsto o la fecha inicialmente fijada hasta la fecha fijada en segundo lugar.

- La paralización del procedimiento iniciado a instancia del obligado tributario por la falta de cumplimentación de algún trámite indispensable para dictar resolución, por el tiempo que transcurra desde el día siguiente a aquel en que se considere incumplido el trámite hasta su cumplimentación por el obligado tributario, sin perjuicio de la posibilidad de que pueda declararse la caducidad, previa advertencia al interesado.

- El retraso en la notificación de las propuestas de resolución o de liquidación, por el tiempo que transcurra desde el día siguiente a aquel en que se haya realizado un intento de notificación hasta que dicha notificación se haya producido.

- La presentación por el obligado tributario de declaraciones en las que manifiesta la realización del hecho imponible y comunique los datos necesarios para cuantificar la obligación tributaria mediante una liquidación provisional reguladas en el artículo 128 de la LGT, de comunicaciones de datos o de solicitudes de devolución complementarias o sustitutivas de otras presentadas con anterioridad. La dilación se computará desde el día siguiente al de la finalización del plazo de presentación de la declaración, comunicación de datos o solicitud de devolución o desde el día siguiente al de la presentación en los supuestos de presentación fuera de plazo hasta la presentación de la declaración, comunicación de datos o solicitud de devolución, complementaria o sustitutiva.

- La falta de presentación en plazo de la declaración informativa con el contenido de los libros registro regulada en el artículo 36 del RGAT. La dilación se computará desde el inicio de un procedimiento en el que pueda surtir efectos, hasta la fecha de su presentación.

- El retraso en la notificación derivado de lo dispuesto en la D.A. 3.ª del Real Decreto 1363/2010, de 29 de octubre, por el que se regulan supuestos de notificaciones y comunicaciones administrativas obligatorias por medios electrónicos en el ámbito de la AEAT, en supuestos en que los actos a notificar se refieren a procedimientos de aplicación de los tributos ya iniciados. Deberá quedar acreditado que la notificación pudo ponerse a disposición del obligado tributario en la fecha por él seleccionada conforme a lo dispuesto en la citada D.A. 3.ª.

- El incumplimiento de la obligación de llevanza de los libros registro del IVA a través de la Sede electrónica de la AEAT para las personas y entidades a que se refiere el artículo 62.6 del RIVA. La dilación se computará desde el inicio de un procedimiento en el que pueda surtir efectos, hasta la fecha de su presentación o registro.

> **A TENER EN CUENTA**. Los períodos de interrupción justificada y las dilaciones por causa no imputable a la Administración se contarán por días naturales, y respecto del procedimiento inspector se estará a lo dispuesto en los artículos 150 de la LGT y 184 del RGAT.

La LGT ha recogido en el artículo 104 el régimen general de los actos presuntos establecido en los artículos 24 y 25 de la LPAC, diferenciándose:

- Los procedimientos iniciados a **solicitud de interesado**, en cuyo caso el vencimiento del plazo máximo sin haberse notificado resolución expresa produce los efectos que establezca su normativa reguladora. En defecto de dicha regulación, los interesados podrán entender estimadas sus solicitudes por silencio administrativo, excepto en los siguientes supuestos en los que el silencio tendrá efecto desestimatorio:

  » En los procedimientos de ejercicio del derecho de petición regulado en el artículo 29 de la Constitución.

  » En los procedimientos de impugnación de actos y disposiciones.

- Los procedimientos **iniciados de oficio**, en los cuales el vencimiento del plazo máximo establecido sin que se haya notificado resolución expresa producirá los efectos previstos en la normativa reguladora de cada procedimiento, y en su defecto se distinguen:

  » Los procedimientos de los que pueda derivarse el reconocimiento o, en su caso, la constitución de derechos u otras situaciones jurídicas individualizadas: En estos casos los obligados tributarios podrán entender desestimados por silencio administrativo los posibles efectos favorables derivados del procedimiento.

  » Los procedimientos susceptibles de producir efectos desfavorables o de gravamen: En esto casos se producirá la caducidad del procedimiento (así, por ejemplo, el procedimiento sancionador concluye por la declaración de caducidad —art. 211 de la LGT—, o la caducidad es declarada en los procedimientos especiales de revisión —arts. 217.6, 218 y 219.4 todos ellos de la LGT—).

> **A TENER EN CUENTA**. En los procedimientos iniciados de oficio, cuando se produzca una paralización del procedimiento por causa imputable al obligado tributario, la Administración deberá advertirle de que podrá declarar la caducidad del mismo transcurridos tres meses. Ahora bien, de acuerdo con lo estable-

cido en el artículo 95 de la LPAC, no podrá acordarse la caducidad por la simple inactividad del interesado en la cumplimentación de trámites, siempre que no sean indispensables para dictar resolución.

CUESTIONES

1. ¿Cuándo empiezan a contarse los plazos de resolución?

Los plazos se contarán:

- En los procedimientos iniciados de oficio: desde la fecha de notificación del acuerdo de inicio.

- En los procedimientos iniciados a instancia del interesado: desde la fecha en que el documento haya tenido entrada en el registro del órgano competente para su tramitación. A estos efectos se entenderá por registro del órgano competente para la tramitación del procedimiento, el registro del órgano que resulte competente para iniciar la tramitación conforme al artículo 59 del RGAT o la normativa específica del procedimiento.

2. La resolución expresa posterior al momento en el que se considera producido el silencio administrativo, ¿se encuentra vinculada al sentido del silencio?

El apartado cuarto del artículo 101 del RGAT diferencia dos supuestos:

- Estimación por silencio administrativo: La resolución expresa posterior sólo podrá ser confirmatoria del mismo.

- Desestimación por silencio administrativo: La resolución expresa posterior al vencimiento del plazo se adoptará por la Administración sin vinculación alguna al sentido del silencio.

El **incumplimiento de los plazos máximos** de resolución (produzca o no la caducidad del procedimiento administrativo tributario) produce las siguientes consecuencias jurídicas:

- El efecto más sobresaliente es que el inicio de las actuaciones que forman parte del procedimiento no produce el efecto de interrumpir el plazo de prescripción (artículos 104.5 y 150.2 de la LGT). La caducidad no producirá, por sí sola, la prescripción de los derechos de la Administración tributaria, pero las actuaciones realizadas en los procedimientos caducados no interrumpirán el plazo de prescripción ni se considerarán requerimientos administrativos a los efectos previstos en artículo 27.1 de esta ley. Por ello, el nuevo procedimiento (en caso de caducidad) o la continuación del procedimiento sólo es posible si no ha prescrito el derecho de que se trate. Todo ello a excepción del procedimiento sancionador, que, como se ha dicho, caduca y produce el efecto de impedir un nuevo procedimiento sancionador por el mismo hecho.

- Las actuaciones realizadas en el curso de un procedimiento caducado, así como los documentos y otros elementos de prueba obtenidos en dicho procedimiento, conservarán su validez y eficacia a efectos probatorios en otros procedimientos iniciados o que puedan iniciarse con posterioridad en relación con el mismo u otro obligado tributario.

- El ingreso realizado durante el procedimiento caducado o dilatado indebidamente se considera ingreso espontáneo a efectos tributarios (artículo 150.2 de la LGT).

- No pueden exigirse intereses de demora en el período en que el procedimiento se dilató indebidamente.

Además, hay que señalar que los efectos del silencio administrativo se entenderán sin perjuicio de la facultad de la Administración de proceder a la comprobación o investigación de la situación tributaria de los obligados tributarios, con relación a la concurrencia de las condiciones y requisitos de beneficios fiscales

En la **DA 1.ª del RD 1065/2007, de 27 de julio**, se relacionan una serie de procedimientos que podrán entenderse desestimados (ap. 1) y estimados (ap. 2) por la falta de resolución en plazo.

JURISPRUDENCIA

Sentencia del Tribunal Supremo n.º 765/2025, de 16 de junio, ECLI:ES:TS:2025:2637

Asunto: Obligación de la Administración de declarar la caducidad.

«1.Se ratifica la doctrina jurisprudencial reiterada de esta Sala atinente a que la caducidad del procedimiento de gestión, susceptible de causar efectos desfavorables o de gravamen, ha de ser declarada obligatoriamente, sin que exista una pretendida facultad administrativa de no declararla. Tal declaración de caducidad ha de ser expresa, conforme a lo dispuesto en el artículo 104.5 LGT, en relación con el artículo 103.2 del mismo texto legal.

2.La falta de declaración expresa de caducidad de un procedimiento de comprobación limitada, relativo a un determinado concepto tributario (obligación tributaria o elemento de la obligación tributaria) y período impositivo, determina la invalidez del inicio de un ulterior procedimiento de inspección respecto de dicho concepto tributario (obligación tributaria o elemento de la obligación tributaria) y período impositivo».

1.5. Fase de prueba en los procedimientos tributarios

La fase probatoria en los procedimientos tributarios

El procedimiento tributario presenta la singularidad, frente al procedimiento general, de que, en lo que se refiere a la práctica de la prueba, no resulta necesaria la apertura de un período específico ni la comunicación previa de las actuaciones a los interesados (artículo 99.6 de la LGT).

La LGT señala que en su **artículo 105** que «*en los procedimientos de aplicación de los tributos quien haga valer su derecho deberá probar los hechos constitutivos del mismo*». Además, aclara que el deber de probar de los obligados tributarios se entenderá cumplido cuando estos designen de modo concreto los elementos de prueba en poder de la Administración tributaria. Es decir, el artículo 105 de la LGT establece un principio fundamental en los procedimientos de aplicación de los tributos: la **carga de la prueba recae sobre quien haga valer su derecho.**

Este deber de prueba se desarrolla en los artículos 105 a 108 de la LGT, que recogen los principales aspectos que regirán la prueba en el ámbito fiscal.

Corresponde a la Administración realizar la actividad precisa para la determinación de los hechos, elementos, y circunstancias que acrediten la obligación tributaria. Le corresponde pues a la **Administración la prueba del hecho imponible y de los elementos** que permiten su cuantificación. Es claro que no corresponde al contribuyente la prueba de su obligación. La Administración goza de determinados **privilegios** en esta tarea:

- En primer término, tiene la **potestad de calificación de los hechos**, dentro de ciertos límites.

- En segundo lugar, la **presunción de legalidad** de la actuación administrativa. Aunque debe aclararse convenientemente que la presunción de legalidad de la actuación administrativa no implica el desplazamiento de la carga de la prueba al obligado tributario, si así fuera se daría una patente de corso a la Administración para dictar cualesquiera actos sin las exigencias de determinación y motivación que en cada caso requieran.

Al respecto de la presunción de legalidad de la administración en el ámbito tributario se ha pronunciado en multitud de ocasiones nuestra jurisprudencia, reproducimos aquí un extracto de una sentencia del Tribunal Supremo que recoge parte de la jurisprudencia más interesante en lo que nos ocupa:

> «El artículo 105.1 LGT establece expresamente que en "los procedimientos de aplicación de los tributos quien haga valer su derecho deberá probar los hechos constitutivos del mismo". Determina, pues, que la carga de la prueba de los hechos constitutivos de la pretensión de cada parte corresponde a la parte que sostiene dicha pretensión, afirmación de principio que, tal y como recuerda la entidad recurrente, se ha venido interpretando por esta Sala de la siguiente forma: el artículo 114.1 de la derogada LGT de 1963, cuyo tenor literal era muy similar al del vigente artículo 105.1 LGT, "es un "precepto que de igual modo obliga al contribuyente como a la Administración", de manera que es a la Inspección de los Tributos a la que corresponde probar "los hechos en que descansa la liquidación impugnada", "sin que pueda desplazarse la carga de la prueba al que niega tales hechos", "convirtiendo aquella en una probatio diabolica referida a hechos negativos" [Sentencia de 18 de febrero de 2000 (rec. cas. núm. 3537/1995), FD Tercero]; pero cuando la liquidación tributaria se funda en las actuaciones inspectoras practicadas, que constan debidamente documentadas, es al contribuyente a quien incumbe desvirtuar las conclusiones alcanzadas por la Administración [Sentencias de 15 de febrero de 2003 (rec. cas. núm. 1302/1998), FD Séptimo ; de 5 de julio de 2007 (rec. cas. para la unificación

de doctrina núm. 251/2002), FD Cuarto; de 26 de octubre de 2007 (rec. cas. para la unificación de doctrina núm. 88/2003), FD Quinto; de 12 de noviembre de 2008 (rec. cas. para la unificación de doctrina núm. 370/2004), FD Cuarto.1]. En este sentido, hemos señalado que "[e]n los procedimientos de aplicación de los tributos quien haga valer su derecho (sea la Administración o los obligados tributarios) deberá probar los hechos constitutivos del mismo. Con ello, la LGT respeta el criterio general del Ordenamiento sobre la carga de la prueba, sin que el carácter imperativo de las normas procedimentales tributarias ni la presunción de legalidad y validez de los actos tributarios afecten al referido principio general.- En Derecho Tributario, la carga de la prueba tiene una referencia específica en el art. 114 LGT que impone a cada parte la prueba del hecho constitutivo de su pretensión, en términos afines a las tradicionales doctrinas civilistas". Tratándose -hemos dicho- "de un procedimiento administrativo inquisitivo, impulsado de oficio, ni la prueba ni carga de la prueba pueden tener la misma significación que en un proceso dispositivo. Comenzando por el hecho de que **la Administración deberá averiguar los hechos relevantes para la aplicación del tributo, incluidos, en su caso, los que pudieran favorecer al particular, aún no alegados por éste**. Y en pro de esa finalidad se imponen al sujeto pasivo del tributo, e incluso a terceros, deberes de suministrar, comunicar o declarar datos a la Administración, cuando no de acreditarlos, así como se establecen presunciones que invierten la carga de la prueba dispensando al ente público de la acreditación de los hechos presuntos.- La jurisprudencia es abundantísima sobre la carga de la prueba en el procedimiento de gestión tributaria, haciéndose eco e insistiendo en el principio general del art. 114 LGT y entendiendo que ello supone normalmente que la Administración ha de probar la existencia del hecho imponible y de los elementos que sirvan para cuantificarlos y el particular los hechos que le beneficien como los constitutivos de exenciones y beneficios fiscales, los no sujetos, etc. [Sentencia de 23 de enero de 2008 (rec. cas. para la unificación de doctrina núm. 95/2003), FD Cuarto; en sentido similar, Sentencia de 16 de octubre de 2008 (rec. cas. núm. 9223/2004), FD Quinto]. Así, hemos señalado que, en virtud del citado art. 114 L.G.T ., correspondía al sujeto pasivo probar la efectividad y necesidad de los gastos cuya deducción se pretende [Sentencias de 19 de diciembre de 2003 (rec. cas. núm. 7409/1998), FD Sexto ; de 9 de octubre de 2008 (rec. cas. núm. 1113/2005), FD Cuarto.1 ; de 16 de octubre de 2008 , cit., FD Quinto de 15 de diciembre de 2008 (rec. cas. núm. 2397/2005), FD Tercero.3 ; de 15 de mayo de 2009 (rec. cas. núm. 1428/2005), FD Cuarto.1] " [sentencia de 25 de junio de 2009, FD Sexto (rec. cas. núm. 9180/2003) (ES: TS:2009:5841); y, en idénticos o parecidos términos, entre otras muchas, posteriormente, sentencias de 16 de junio de 2011, FD Tercero (rec. cas. núm. 4029/2008) (ES: TS:2011:4517); de 13 de octubre de 2011, FD Tercero (rec. cas. núm. 2283/2008) (ES: TS:2011:7229); de 2 de febrero de 2012, FD Tercero (rec. cas. núm. 686/2009) (ES: TS:2012:859); de 5 de julio de 2012, FD Sexto (rec. cas. núm. 2627/2009) (ES: TS:2012:5617); de 24 de marzo de 2014, FD Segundo (rec. cas. núm. 1028/2011) (ES: TS:2014:1195); o, en fin, de 12 de febrero de 2015, FD Quinto (rec. cas. núm. 2859/2013) (ES: TS:2015:527)]». **STS n.º 175/2019, de 13 de febrero, ECLI:ES:TS:2019:474.**

- En ciertos supuestos la ley ha establecido una **presunción de certeza** de determinados actos (artículo 107 de la LGT —valor probatorio de las diligencias—; artículo 144 de la LGT —valor probatorio de las actas de inspección—), desplazándose entonces la carga de la prueba al obligado tributario, quien debe probar que no se ajustan a la realidad los hechos consignados por la Administración. Así, por ejemplo, según el artículo 144 de la LGT, la eficacia probatoria de las actas de la inspección, en la que se realiza la propuesta de regularización, se refiere sólo a la parte fáctica del acta, a los hechos en ella consignados, y en ningún caso alcanza a la interpretación de la norma aplicada o a la calificación jurídica realizada por la Inspección, cuestiones éstas que acceden al Tribunal sin ninguna presunción de certeza, por mucho que rija el principio general de presunción de legalidad de la actuación administrativa. Luego, en realidad, no corresponde al contribuyente probar que la calificación es errónea, o incorrecta la determinación de la deuda llevada a cabo por la Administración, sino que compete a ésta probar –en todo aquello en lo que no exista presunción de certeza establecida por la ley– que la regularización o liquidación está fundada en derecho, aunque en ocasiones la inversión de la carga de la prueba opera *de facto* en la práctica. Por lo tanto, al contribuyente le corresponde en realidad **probar el hecho contradictorio con el fijado en su contra por la Administración**. A tales efectos serán de aplicación las normas que sobre medios y valoración de prueba se contienen en el Código Civil y en la Ley de Enjuiciamiento Civil.

‖ Los medios de prueba y su valoración

De acuerdo con la regla general de establecer la carga de la prueba en función de la proximidad a la fuente de prueba o facilidad de la misma, basta con designar de modo concreto los elementos de prueba cuando estos se encuentren en poder de la Administración. El artículo 105 de la LGT, apartado 2, no es muy técnico cuando se refiere al cumplimiento del deber de probar, pues tal deber no existe en realidad, sin perjuicio de que la falta de prueba de un hecho favorable al obligado produce las consecuencias negativas de considerarlo no probado cuando la carga de la prueba le corresponda. En cualquier caso, por la sujeción de la Administración al interés público tutelado por la ley debe averiguar también los hechos relevantes para la aplicación del tributo que resulten favorables al obligado tributario, y no sólo los perjudiciales.

Tratándose del **procedimiento sancionador**, toda vez que rige en él el derecho a la presunción de inocencia, no existe propiamente la carga formal de la prueba en el administrado, pues todo el deber probatorio relativo a los presupuestos de la sanción corresponde la Administración tributaria.

La jurisprudencia ha considerado que no pueden extenderse de forma automática al procedimiento administrativo las **garantías procesales** del artículo 24 de la CE, en particular el derecho a la tutela judicial efectiva. Sólo en el caso del procedimiento sancionador, en el que la Administración ejerce el *ius puniendi* del Estado, puede plantearse la extensión de las garantías del proceso penal, sin que en general pueda entenderse vulnerado aquel derecho por las actuaciones que tienen lugar en el procedimiento de gestión. Un amplio sector de doctrina ha considerado que no existe en el procedimiento de gestión tributaria actividad probatoria en su estricto sentido terminológico. Pero en todo caso, al margen de la cuestión dogmática de si se trata propiamente de actividad probatoria, como hemos expuesto, **corresponde a la Administración acreditar que su actuación no es arbitraria** (en el sentido del artículo 9.3 y 106 de la CE) y que la determinación de los presupuestos fácticos de la obligación tributaria se ha realizado con el adecuado soporte probatorio. Cuestión distinta es que puedan considerarse vulnerados en el procedimiento administrativo derechos fundamentales asociados a la admisión y práctica de la prueba como si se tratase de verdadero proceso judicial.

La extensión de las normas sobre prueba del proceso civil al procedimiento administrativo tiene lugar en virtud de lo dispuesto en el artículo 106 de la LGT, conforme al cual en los procedimientos tributarios serán de aplicación las normas que sobre medios y valoración de prueba se contienen en el Código Civil y en la Ley de Enjuiciamiento Civil.

Este artículo 106 de la LGT además de esta norma general prevé unas disposiciones específicas relativas a la **forma de acreditar los gastos deducibles o cuotas compensables**, expresión del método inductivo seguido en ocasiones por la LGT a partir de las leyes particulares de los distintos tributos:

- Las pruebas o informaciones suministradas por otros Estados o entidades internacionales o supranacionales en el marco de la asistencia mutua podrán incorporarse, con el valor probatorio que proceda conforme a la regulación civil, al procedimiento que corresponda.

- La ley propia de cada tributo podrá exigir requisitos formales de deducibilidad para determinadas operaciones que tengan relevancia para la cuantificación de la obligación tributaria.

- Los gastos deducibles y las deducciones que se practiquen, cuando estén originados por operaciones realizadas por empresarios o profesionales, deberán justificarse, de forma prioritaria, mediante la factura entregada por el empresario o profesional que haya realizado la correspondiente operación que cumpla los requisitos señalados en la normativa tributaria. Sin perjuicio de lo anterior, la factura no constituye un medio de prueba privilegiado respecto de la existencia de las operaciones, por lo que una vez que la Administración cuestiona fundadamente su efectividad, corresponde al obligado tributario aportar pruebas sobre la realidad de las operaciones.

De otro lado, la analogía con el procedimiento judicial es evidente cuando se trata del procedimiento de las reclamaciones económico-administrativas, por su naturaleza *cuasi* jurisdiccional, aunque aún no se han dado pasos decisivos en la jurisprudencia para extender a este procedimiento las garantías procesales del artículo 24 de la CE, aunque la LGT ha introducido el denominado recurso de anulación a través del cual puede atacarse en la propia vía administrativa (antes de recurrir a la judicial) la resolución de la reclamación, entre otras razones, cuando se hayan declarado inexistentes (no se hayan valorado) pruebas oportunamente presentadas (artículo 241.bis de la LGT).

La propia LGT en su artículo 107 contiene dos presunciones *iuris tantum* sobre el valor probatorio de las diligencias:

- Con relación a las diligencias extendidas en el curso de las actuaciones y los procedimientos tributarios: Se establece que, salvo prueba en contra, tienen naturaleza de documentos públicos y hacen prueba de los hechos que motiven su formalización.

- Con relación a los hechos contenidos en las diligencias y aceptados por el obligado tributario objeto de procedimiento, así como sus manifestaciones: Se presumirán ciertos y sólo podrán rectificarse mediante prueba de que incurrieron en error de hecho.

|| Las presunciones como medio de prueba en el derecho tributario

Las normas tributarias establecen una serie de presunciones que, según señala el artículo 108 de la LGT, pueden destruirse mediante prueba en contrario, excepto en los casos en que una norma con rango de ley expresamente lo prohíba. Añade además que, para que las presunciones no establecidas por las normas sean admisibles como medio de prueba, es indispensable que entre el hecho demostrado y aquel que se trate de deducir haya un enlace preciso y directo según las reglas del criterio humano.

Cabe citar aquí la **sentencia de la Audiencia Nacional, rec. 384/20015, de 17 de abril de 2019, ECLI:ES:AN:2019:1949**, que, citando al Tribunal Supremo, afirma:

> «Nuestra doctrina reiterada sostiene que la válida utilización de esa clase de prueba requiere la concurrencia de los siguientes requisitos: (a) que aparezcan acreditados los hechos constitutivos del indicio o hecho base; (b) que exista una relación lógica entre tales hechos y la consecuencia extraída; y (c) que esté presente el razonamiento deductivo que lleva al resultado de considerar probado el presupuesto fáctico contemplado en la norma para la aplicación de su consecuencia jurídica, como exige de manera expresa el artículo 386.1, párrafo segundo, de la Ley 1/2000, de 7 de enero, de Enjuiciamiento civil (BOE de 8 de enero) Ley de Enjuiciamiento Civil, al señalar que «en la sentencia en la que se aplique el párrafo anterior (las presunciones judiciales) deberá incluir el razonamiento en virtud del cual el tribunal ha establecido la presunción». Dicho, en otros términos, la prueba de presunciones consta de un elemento o dato objetivo, que es el constituido por el hecho base que ha de estar suficientemente acreditado, del que parte la inferencia, esto es, la operación lógica que lleva al hecho consecuencia, que será tanto más rectamente entendida cuanto más coherente y razonable aparezca el camino de la inferencia. Puede hablarse, en tal sentido, de rechazo de la incoherencia, de la irrazonabilidad y de la arbitrariedad, que operan como límites a la admisibilidad de la presunción como prueba [véanse, por todas, las sentencias emanadas de esta misma Sección el 10 de noviembre de 2011 (casación 331/09, FJ 6 °) y 17 de noviembre de 2011 (casación 3979/07 , FJ 3°)]».

A continuación, el artículo 108 de la LGT recoge una serie de presunciones:

- La Administración tributaria podrá considerar como titular de cualquier bien, derecho, empresa, servicio, actividad, explotación o función a quien figure como tal en un **registro fiscal o en otros de carácter público**, salvo prueba en contrario.

- Los **datos y elementos de hecho consignados en las autoliquidaciones, declaraciones, comunicaciones** y demás documentos presentados por los obligados tributarios se presumen ciertos para ellos y sólo podrán rectificarse por los mismos mediante prueba en contrario.

- Los **datos incluidos en declaraciones o contestaciones a requerimientos** en cumplimiento de la obligación de suministro de información recogida en los artículos 93 y 94 de la LGT que vayan a ser utilizados en la regularización de la situación tributaria de otros obligados se presumen ciertos, pero deberán ser contrastados de acuerdo con lo dispuesto en esta sección cuando el obligado tributario alegue la inexactitud o falsedad de los mismos. Para ello podrá exigirse al declarante que ratifique y aporte prueba de los datos relativos a terceros incluidos en las declaraciones presentadas.

- En el caso de obligaciones tributarias con periodos de liquidación inferior al año, se podrá realizar una distribución lineal de la cuota anual que resulte entre los periodos de liquidación correspondientes cuando la Administración Tributaria no pueda, en base a la información obrante en su poder, atribuirla a un periodo de liquidación concreto conforme a la normativa reguladora del tributo, y el obligado tributario, requerido expresamente a tal efecto, no justifique que procede un reparto temporal diferente.

RESOLUCIÓN RELEVANTE

Sentencia de la Audiencia Nacional, rec. 61/2022, de 13 de octubre de 2025, ECLI:ES:AN:2025:4526

Asunto: La validez constitucional de las presunciones.

«Como señala, entre otras, la STS de 25 de noviembre de 2019 ,el Tribunal Constitucional "ha venido considerando que las presunciones son medio de prueba válido y eficaz siempre que los indicios hayan quedado suficientemente probados por medios directos y que exista el necesario enlace prelación unívoca entre el hecho base debidamente acreditado de indicio y el hecho consecuente deducido o presumido qué se pretende, acreditar para la aplicación de la norma y que se exprese, razonadamente, el referido enlace de relación (ya desde las tempranas TC de, 21 de diciembre de 1988, de 8 de junio de 1990, de 24 de enero de 1991, de 13 de julio de 1998 y de 20 de enero de 1999) (...)."».

1.6. Notificaciones en materia tributaria

¿Cómo se realizan las notificaciones de los actos tributarios?

Las notificaciones de los actos tributarios se someten al régimen general de las notificaciones previsto en las normas administrativas, con las especialidades que establece la LGT. De acuerdo con ello, la notificación de un acto administrativo tiene una doble finalidad:

- De ella depende la propia eficacia del acto, conforme a lo establecido en el artículo 39 de la LPAC.
- Es el presupuesto para que el interesado pueda ejercitar su derecho al recurso.

A este respecto nuestra jurisprudencia —véase, por ejemplo, la **STS n.º 1558/2023, de 23 de noviembre, ECLI:ES:TS:2023:5121**— ha venido señalando que *«(...) sí, pese a los vicios de cualquier gravedad en la notificación, puede afirmarse que el interesado llegó a conocer el acto o resolución por cualquier medio -y, por lo tanto, pudo defenderse frente al mismo-, o no lo hizo exclusivamente por su negligencia o mala fe, no cabe alegar lesión alguna de las garantías constitucionales, dado el principio antiformalista y el principio general de buena fe que rigen en esta materia, según reiterada jurisprudencia».*

RESOLUCIÓN RELEVANTE

Sentencia del Tribunal Supremo n.º 1501/2025, de 20 de noviembre, ECLI:ES:TS:2025:5446

Asunto: Jurisprudencia del TS sobre las notificaciones administrativas.

«Con carácter general se ha entendido que lo relevante en las notificaciones no es tanto que se cumplan las previsiones legales sobre cómo se llevan a efecto las notificaciones, sino el hecho de que los administrados lleguen a tener conocimiento de ellas o haya podido tener conocimiento del acto notificado, en dicho sentido la sentencia del Tribunal Supremo de 7 de octubre de 2015, rec. cas. 680/2014; puesto que la finalidad constitucional, a la que antes se hacía mención, se manifiesta en que su finalidad material es llevar al conocimiento de sus destinatarios los actos y resoluciones al objeto de que éstos puedan adoptar la conducta procesal que consideren conveniente a la defensa de sus derechos e intereses y, por ello, constituyen elemento fundamental del núcleo de la tutela judicial efectiva sin indefensión garantizada en el art. 24.1 de la Constitución española (CE), sentencias del Tribunal Constitucional 59/1998, de 16 de marzo, FJ 3, ó 221/2003, de 15 de diciembre, FJ 4; 55/2003, de 24 de marzo, FJ 2. Este es el foco que en definitiva debe alumbrar cualquier lectura que se haga de esta materia, lo que alcanza, sin duda, también a las notificaciones electrónicas.

Desde luego el desconocimiento de lo que se notifica, hace imposible no ya que pueda desplegarse una defensa eficaz, sino cualquier defensa. Por ello, lo realmente sustancial es que el interesado llegue al conocimiento del acto, sea uno u otro el medio, y por consiguiente pudo defenderse, o no lo hizo exclusivamente por su negligencia o mala fe, en cuyo caso no cabe alegar lesión alguna de las garantías constitucionales, dado el principio antiformalista y el principio general de buena fe que rigen en esta materia, sentencias del Tribunal Constitucional 101/1990, de 4 de junio, FJ 1; 126/1996, de 9 de julio, FJ 2; 34/2001, de 12 de febrero, FJ 2; 55/2003, de 24 de marzo, FJ 2; 90/2003, de 19 de mayo, FJ 2; y 43/2006, de 13 de febrero, FJ 2]. Por ello, como este Tribunal ha dicho, lo relevante, pues, no es tanto que se cumplan las previsiones legales sobre cómo se llevan a efecto las notificaciones, sino el hecho de que los administrados lleguen a tener conocimiento de ellas. Todo lo cual lleva a concluir, en palabras del propio Tribunal Constitucional, que ni toda deficiencia en la práctica de la notificación implica necesariamente una vulneración del art. 24.1 CE, ni, al contrario, una notificación correctamente practicada en

> *el plano formal supone que se alcance la finalidad que le es propia, es decir, que respete las garantías constitucionales que dicho precepto establece, sentencias del Tribunal Constitucional 126/1991, FJ 5; 290/1993, FJ 4; 149/1998, FJ 3; y 78/1999, de 26 de abril, FJ 2].*
>
> *Debe tenerse en cuenta que, como se ha señalado en numerosas ocasiones por este Tribunal, con carácter general, cuando se respetan en la notificación las formalidades establecidas normativamente siendo su única finalidad la de garantizar que el acto o resolución llegue a conocimiento del interesado, debe partirse en todo caso de la presunción iuris tantum de que el acto de que se trate ha llegado tempestivamente a conocimiento del interesado; presunción que cabe enervar por el interesado de acreditar suficientemente, bien que, pese a su diligencia, el acto no llegó a su conocimiento o lo hizo en una fecha en la que ya no cabía reaccionar contra el mismo; o bien que, pese a no haber actuado con la diligencia debida (naturalmente, se excluyen los casos en que se aprecie mala fe), la Administración tributaria tampoco ha procedido con la diligencia y buena fe que le resultan reclamables».*

|| El lugar de notificación del acto tributario

En los procedimientos iniciados a solicitud del interesado, la notificación se practicará en el lugar señalado a tal efecto por el obligado tributario o su representante o, en su defecto, en el domicilio fiscal de uno u otro.

En los procedimientos iniciados de oficio, la notificación podrá practicarse en el domicilio fiscal del obligado tributario o su representante, en el centro de trabajo, en el lugar donde se desarrolle la actividad económica o en cualquier otro adecuado a tal fin.

La LGT establece, por tanto, diversos lugares para la práctica de la notificación en función de si el acto a notificar se dicta en el seno de un procedimiento iniciado a instancia de parte o de oficio. A estos efectos tal y como recoge el Tribunal Supremo en su **sentencia, rec. 680/2014, de 7 de octubre de 2015, ECLI:ES:TS:2015:4331:**

> «En este contexto, si el **procedimiento** se inicia a **instancia de parte** la notificación se practicará en el lugar señalado a tal efecto por el obligado tributario o su representante o, en su defecto, en el domicilio fiscal de uno u otro (artículo 110.1 de la LGT). De forma que la Administración Tributaria podrá practicar sus notificaciones no sólo en el domicilio fiscal (aunque sigue siendo el lugar prevalente), sino en el lugar que señale el interesado o su representante (que puede coincidir o no con el domicilio fiscal).
>
> Si no se pudiera practicar la notificación en ninguno de estos lugares, no se permite a la Administración que lo intente en cualquier otro lugar adecuado a tal fin, como puede ser el lugar de trabajo del interesado, tal como preveía el artículo 105.4 de la LGT de 1963 .
>
> En cambio, en los **procedimientos iniciados de oficio** la notificación podrá practicarse en el domicilio fiscal del obligado tributario o su representante, en el centro de trabajo, en el lugar donde se desarrolle su actividad económica o en cualquier otro adecuado a tal fin (artículo 110.2 de la LGT).
>
> En este caso, queda en manos de la Administración la elección concreta de uno de los siguientes lugares para la práctica de la notificación, sin

quedar sujeta a un orden de prelación determinado a diferencia de lo que ocurre cuando el procedimiento se inicia a instancia de parte: el domicilio fiscal del obligado o su representante, el lugar de trabajo del interesado o el lugar donde desarrolla su actividad económica o bien cualquier otro lugar adecuado a tal fin.

Finalmente hay que señalar que, si bien el domicilio fiscal no es el único lugar donde pueden practicarse las notificaciones tributarias, sigue ocupando un puesto destacado, aunque no preferente, tal como evidencia tanto el propio artículo 110 como el 111.1 (en relación con la posibilidad de la recepción de la notificación por un tercero que se encuentre en el domicilio fiscal del interesado o su representante) y el 112 de la LGT (en tanto que, en principio, dos intentos de practicar sin éxito la notificación en el domicilio fiscal habilitan para la práctica de la notificación por comparecencia)».

El Tribunal Supremo ha señalado que, si bien, esta distinción obedece a la propia mecánica del inicio de un procedimiento donde se hace necesario que, en los instados por el particular, la Administración sepa donde poder notificar sus decisiones, el contribuyente también podrá en los iniciados de oficio, si así lo manifiesta expresamente, designar otro domicilio donde se practiquen los actos de comunicación, sobre todo si de ello depende su derecho a la defensa. Por ello en la STS n.º 902/2025, de 1 de julio, ECLI:ES:TS:2025:3259, se fija como **doctrina** que «(…) *en los procedimientos tributarios iniciados de oficio o a instancia de parte, la Administración tributaria deberá practicar las notificaciones por el cauce que sea procedente u obligatorio, en el domicilio expresamente designado por el contribuyente o su representante legal, sobre todo cuando de ello depende su derecho a la defensa*».

|| ¿Quiénes están legitimados para recibir las notificaciones?

El artículo 111 de la LGT establece los casos tasados en los que se permite que la notificación se practique a través de las personas concretas que enumera, distintas del obligado tributario o de su representante, y en este sentido dispone que cuando la notificación se practique en el lugar señalado al efecto por el obligado tributario o por su representante, o en el domicilio fiscal de uno u otro, de no hallarse presentes en el momento de la entrega, podrá hacerse cargo de la misma:

- Cualquier persona que se encuentre en dicho lugar o domicilio y haga constar su identidad.

- Los empleados de la comunidad de vecinos o de propietarios donde radique el lugar señalado a efectos de notificaciones o el domicilio fiscal del obligado o su representante.

Cabe citar aquí la **sentencia del Tribunal Supremo n.º 6/2018, de 4 de enero, ECLI:ES:TS:2018:28**, en la que se interpreta dicho artículo de la siguiente manera:

«Y esta conclusión no resulta desvirtuada por la doctrina jurisprudencial citada por la parte recurrente, porque el Tribunal Supremo admite que su elaboración es muy casuística y establece que «al objeto de determinar si debe entenderse que el acto administrativo o resolución notificada llegó o debió llegar a conocimiento tempestivo del interesado, los elementos que, con carácter general deben ponderarse, son dos. En primer lugar, el **grado de cumplimiento por la Administración de las formalidades establecidas en la norma en materia de notificaciones**, en la medida en que tales formalidades van únicamente dirigidas a garantizar que el acto llegue efectivamente a conocimiento de su destinatario. Y, en segundo lugar, las **circunstancias particulares concurrentes en cada caso**, entre las que necesariamente deben destacarse tres: a) el **grado de diligencia demostrada tanto por el interesado como por la Administración**; b) el **conocimiento que**, no obstante el incumplimiento en su notificación de todas o algunas de las formalidades previstas en la norma, **el interesado haya podido tener del acto o resolución** por cualesquiera medios; y, en fin, c) el **comportamiento de los terceros** que, en atención a la cercanía o proximidad geográfica con el interesado, pueden aceptar y aceptan la notificación» - STS, Sala 3ª, sec. 2ª, S 17-2-2014, rec. 3075/2010 -.

Ya se han analizado las circunstancias concurrentes y de las mismas no se desprende a juicio de la Sala que la actuación del tercero, compañero de despacho del representante de la sociedad, al rehusar la notificación por no estar autorizado, contravenga las exigencias propias de la buena fe».

Nuestro Alto Tribunal —**STS, rec. 680/2014, de 7 de octubre, ECLI:ES:TS:2015:4331**— también ha señalado que, con relación al artículo 111 de la LGT, es necesario realizar las siguientes observaciones:

- La recepción por una tercera persona solamente puede suceder cuando el lugar para practicar la notificación es el domicilio o el lugar señalado a tal efecto por el obligado o su representante no en el resto de casos.

- Como el legislador ha utilizado la expresión «podrá hacerse cargo» la tercera persona de la notificación, ello supone que no impone a la persona que se encuentre en el domicilio del interesado o su representante la obligación de recibir la notificación, sino que simplemente están facultados a ello. Es decir, la vigente LGT (al igual que la de 1963), siguiendo los pasos de la LRJPAC, no impone la obligación de colaborar en la recepción de la notificación, pero la facilita.

El rechazo de la notificación realizado por el interesado o su representante implicará que se tenga por efectuada la misma.

RESOLUCIÓN RELEVANTE

STS n.º 513/2019, de 11 de abril, ECLI:ES:TS:2019:1270

Asunto: Sistematización de la jurisprudencia del TC y del TS sobre la validez de las notificaciones.

«Algunas de las ideas principales que se destacan en orden a esa meta de homogeneidad se pueden resumir en lo siguiente:

- La notificación tiene una suma relevancia para el ejercicio de los derechos y la defensa de los intereses que se quieran hacer valer frente a una determinada actuación administrativa.

- La función principal de la notificación es precisamente dar a conocer al interesado el acto que incida en su esfera de derechos o intereses.

Lo que acaba de afirmarse pone bien de manifiesto que lo relevante para decidir la validez o no de una notificación será que, a través de ella, el destinatario de la misma haya tenido un real conocimiento del acto notificado.

- Las consecuencias finales de lo que antecede serán básicamente estas dos: que la regularidad formal de la notificación no será suficiente para su validez si el notificado no tuvo conocimiento real del acto que había de comunicársele; y, paralelamente, que los incumplimientos de las formalidades establecidas no serán obstáculo para admitir la validez de la notificación si ha quedado debidamente acreditado que su destinatario tuvo un real conocimiento del acto comunicado.

Con base en las anteriores ideas se subraya la necesidad de diferenciar situaciones y sentar respecto de ellas algunos criterios; una diferenciación que principalmente conduce a lo que continúa:

- Notificaciones que respetan todas las formalidades establecidas: en ellas debe de partirse de la presunción iuris tantum de que el acto ha llegado tempestivamente a conocimiento del interesado; pero podrán enervarse en los casos en los que se haya acreditado suficientemente lo contrario.

- Notificaciones de que han desconocido formalidades de carácter sustancial (entre las que deben incluirse las practicadas, a través de un tercero, en un lugar distinto al domicilio del interesado: en estas ha de presumirse que el acto no llegó a conocimiento tempestivo del interesado y le causó indefensión; pero esta presunción admite prueba en contrario cuya carga recae sobre la Administración, una prueba que habrá de considerarse cumplida cuando se acredite suficientemente que el acto llegó a conocimiento del interesado.

- Notificaciones que quebrantan formalidades de carácter secundario: en las mismas habrá de partir de la presunción de que él acto ha llegado a conocimiento tempestivo del interesado».

|| La notificación por comparecencia

El artículo 112 de la LGT faculta a la Administración a realizar notificaciones por comparecencia, y para ello exige el cumplimiento de los siguientes requisitos:

- Que no sea posible efectuar la notificación al interesado o a su representante por causas no imputables a la Administración tributaria.

- La notificación debe haberse intentado al menos dos veces en el domicilio fiscal, o en el designado por el interesado si se trata de un procedimiento iniciado a solicitud del mismo. Será suficiente un solo intento cuando el destinatario conste como desconocido en dicho domicilio o lugar.

- Los intentos de notificación se harán constar en el expediente de las circunstancias de los intentos de notificación.

A TENER EN CUENTA. El apartado primero del artículo 114 del RGAT dispone que cuando no sea posible efectuar la notificación al obligado tributario o a su representante por causas no imputables a la Administración se harán constar en el expediente las circunstancias del intento de notificación. Se dejará constancia expresa del rechazo de la notificación, de que el destinatario está ausente o de que consta como desconocido en su domicilio fiscal o en el lugar designado al efecto para realizar la notificación. Una vez realizados los dos intentos de notificación sin éxito se procederá cuando ello sea posible a dejar al destinatario aviso de llegada en el correspondiente casillero domiciliario, indicándole en la diligencia que se extienda por duplicado, la posibilidad de personación ante la dependencia al objeto de hacerle entrega del acto, plazo y circunstancias relativas al segundo intento de entrega. Dicho aviso de llegada se dejará a efectos exclusivamente informativos.

Cuando se den estas circunstancias se citará al interesado o a su representante para ser notificados por comparecencia por medio de anuncios que se publicarán, por una sola vez para cada interesado, en el Boletín Oficial del Estado. Esta publicación en el BOE se efectuará los lunes, miércoles y viernes de cada semana. Estos anuncios podrán exponerse asimismo en la oficina de la Administración tributaria correspondiente al último domicilio fiscal conocido. En el caso de que el último domicilio conocido radicara en el extranjero, el anuncio se podrá exponer en el consulado o sección consular de la embajada correspondiente.

> **CUESTIÓN**
>
> **¿Qué datos deben constar en la publicación?**
>
> En la publicación constarán:
>
> - La relación de notificaciones pendientes.
> - Indicación del obligado tributario o su representante.
> - El procedimiento que las motiva.
> - El órgano competente de su tramitación.
> - El lugar y plazo en que el destinatario de las mismas deberá comparecer para ser notificado.

Mediante este anuncio se busca convocar la comparecencia del obligado ausente, con la finalidad de practicar una notificación personal. Luego no se trata de la publicación de la resolución por medio de edictos sino de la citación al interesado por este medio para ser notificado por comparecencia.

Se ha planteado en la práctica la cuestión de la eficacia de la notificación edictal cuando a pesar de no haberse realizado de forma expresa la declaración de cambio de domicilio, como requiere el artículo 48 de la LGT, no obstante, la Administración puede conocer que ese cambio se ha producido. Debe tenerse en cuenta que, si bien, cuando el destinatario no es hallado en el lugar por él designado, la Administración no tiene obligación de llevar a cabo «*largas, arduas y complejas indagaciones ajenas a su función*» (**sentencia del Tribunal Constitucional n.º 133/1986, de 29 de octubre, ECLI:ES:TC:1986:133**), en ocasiones la Administración puede investigar el cambio de domicilio con una mínima gestión. En estos casos, es exigible a la Administración una mínima comprobación antes de optar por la publicación edictal. Así lo ha declarado la jurisprudencia exigiendo de la Administración una labor razonablemente prudente para notificar al interesado los actos que le afecten. Por lo tanto, aunque es carga del obligado tributario la comunicación del cambio de domicilio fiscal, de modo que la Administración debe intentar la notificación en el domicilio declarado, en los supuestos en que fácilmente puede comprobar la variación o existan indicios para hacer pensar que ese cambio se ha producido, debe realizar una mínima investigación. Por ello, el Tribunal Supremo, aunque establece como doctrina legal que el cambio de domicilio declarado a otros efectos administrativos no sustituye la declaración tributaria expresa de cambio de domicilio fiscal, ha reconocido que una declaración-liquidación o autoliquidación realizada con motivo de un tributo del que deba tener conocimiento la Administración en el desarrollo de la gestión tributaria de aquél, puede equivaler a la declaración expresa de cambio de domicilio fiscal.

La comparecencia deberá producirse en el plazo de **15 días naturales**, contados desde el siguiente al de la publicación del anuncio en el BOE. Transcurrido dicho plazo sin comparecer, la notificación se entenderá producida a todos los efectos legales el día siguiente al del vencimiento del plazo señalado. En el caso de que la comparecencia se produzca se practicará la notificación correspondiente y se dejará constancia de la misma en la correspondiente diligencia en la que, además, constará la firma del compareciente.

Deberá incorporarse al expediente la referencia al boletín oficial donde se publicó el anuncio.

Cuando el inicio de un procedimiento o cualquiera de sus trámites se entiendan notificados por no haber comparecido el obligado tributario o su representante, se le tendrá por notificado de las sucesivas actuaciones y diligencias de dicho procedimiento, y se mantendrá el derecho que le asiste a comparecer en cualquier momento del mismo. Sin embargo, deberán ser notificados conforme a lo expuesto en este apartado tanto las liquidaciones que se dicten en el procedimiento como los acuerdos de enajenación de los bienes embargados.

Por tanto, tal y como señala la **STS, rec. 2307/2014, de 9 de marzo de 2016, ECLI:ES:TS:2016:1049**, con relación al artículo 112 de la LGT: «*En este supuesto se citará al interesado o a su representante para ser notificados por comparecencia por medio de anuncios que se publicarán, por una sola vez para cada interesado, en el Boletín Oficial del Estado o en los Boletines de las Comunidades Autónomas o de las provincias según la Administración de la que proceda el acto que se pretende notificar y el ámbito territorial del órgano que lo dicta. En todo caso, la comparecencia deberá producirse en el plazo de 15 días naturales, contados desde el siguiente al de la publicación en la sede electrónica o la publicación del anuncio en el correspondiente «Boletín Oficial». Transcurrido dicho plazo sin comparecer, la notificación se entenderá producida a todos los efectos legales el día siguiente al del vencimiento del plazo señalado*».

|| Las notificaciones fiscales por medios electrónicos

El Real Decreto 1363/2010, de 29 de octubre, por el que se regulan supuestos de notificaciones y comunicaciones administrativas obligatorias por medios electrónicos en el ámbito de la Agencia Estatal de Administración Tributaria, establece la obligación de utilizar medios electrónicos en las comunicaciones y notificaciones que deba efectuar la AEAT en sus actuaciones y procedimientos tributarios, aduaneros y estadísticos de comercio exterior y en la gestión recaudatoria de los recursos de otros entes y Administraciones públicas que tiene atribuida o encomendada.

Estarán **obligados a recibir** por medios electrónicos las comunicaciones y notificaciones administrativas que les dirija la AEAT las entidades que tengan la forma jurídica de:

- **Sociedad anónima** (NIF que empiece por la letra A).

- Sociedad de **responsabilidad limitada** (NIF que empiece por la letra B).

- Las personas **jurídicas y entidades sin personalidad jurídica** que carezcan de nacionalidad española (NIF que empiece por la letra N).

- Los **establecimientos permanentes y sucursales** de entidades no residentes en territorio español (NIF que empiece con la letra W).

- Las **Uniones Temporales de Empresas** (NIF empieza por la letra U).

- Las **entidades cuyo NIF empiece por la letra V** y se corresponda con uno de los siguientes tipos: Agrupación de interés económico, Agrupación de interés económico europea, Fondo de Pensiones, Fondo de capital riesgo, Fondo de inversiones, Fondo de titulización de activos, Fondo de regularización del mercado hipotecario, Fondo de titulización hipotecaria o Fondo de garantía de inversiones.

Con **independencia de su personalidad o forma jurídica**, estarán **obligados a recibir** por medios electrónicos las notificaciones de la AEAT las personas y entidades que:

- Estuvieran inscritas en el **Registro de grandes empresas,** es decir, aquellas cuyo volumen de operaciones supere la cifra de 6.010.121,04 euros durante el año inmediato anterior (artículo 3.5 del Real Decreto 1065/2007, de 27 de julio, por el que se aprueba el Reglamento General de las actuaciones y los procedimientos de gestión e inspección tributaria y de desarrollo de las normas comunes de los procedimientos de aplicación de los tributos).

- Que hayan optado por la tributación en el **régimen de consolidación fiscal,** en virtud de lo dispuesto en la LIS.

- Que hayan optado por la tributación en el **régimen especial del grupo de entidades,** regulado en la LIVA.

- Que estuvieran inscritas en el **registro de devolución mensual,** regulado en el RIVA.

- Aquellas que tengan la condición de representantes aduaneros según lo dispuesto en el Real Decreto 335/2010, de 19 de marzo, por el que se regula el derecho a efectuar declaraciones en aduana y la figura del representante aduanero, o presenten declaraciones aduaneras por vía electrónica.

El obligado será excluido del sistema de dirección electrónica cuando dejen de concurrir en él las circunstancias que determinaron su inclusión, siempre que así lo **solicite expresamente**, por medio de solicitud específica presentada por medios electrónicos en la sede electrónica de la AEAT.

No obstante, lo establecido en el apartado anterior, la Agencia Estatal de Administración Tributaria podrá practicar las notificaciones por los medios no electrónicos:

- Cuando la comunicación o notificación se realice con ocasión de la comparecencia espontánea del obligado (o representante) en las oficinas de la AEAT y solicite la comunicación personal en ese momento.

- Cuando la comunicación o notificación electrónica resulte incompatible con la inmediatez o celeridad que requiera la actuación administrativa para asegurar su eficacia.

- Cuando las comunicaciones y notificaciones hubieran sido puestas a disposición del prestador del servicio de notificaciones postales para su entrega a los obligados tributarios con antelación a la fecha en que la AEAT tenga constancia de la comunicación al obligado de su inclusión en el sistema de dirección electrónica habilitada.

Si en algunos de los supuestos referidos en el apartado anterior la Agencia Estatal de Administración Tributaria llegara a practicar la comunicación o notificación por medios electrónicos y no electrónicos, se entenderán producidos todos los efectos a partir de la primera de las comunicaciones o notificaciones efectuada.

En **ningún caso** se efectuarán en la dirección electrónica habilitada las siguientes comunicaciones y notificaciones:

- Aquellas en las que el acto a notificar vaya acompañado de elementos que no sean susceptibles de conversión en formato electrónico.

- Las que, con arreglo a su normativa, deban practicarse mediante personación en el domicilio fiscal del obligado o en otro lugar señalado al efecto por la normativa o en cualquier otra forma no electrónica.

- Las que efectúe la AEAT en la tramitación de las reclamaciones económico-administrativas.

- Las que contengan medios de pago a favor de los obligados, tales como cheques.

- Las dirigidas a las entidades de crédito adheridas al procedimiento para efectuar por medios electrónicos el embargo de dinero en cuentas abiertas en entidades de crédito.

- Las dirigidas a las entidades de crédito que actúen como entidades colaboradoras en la gestión recaudatoria de la AEAT, en el desarrollo del servicio de colaboración.

- Las dirigidas a las entidades de crédito adheridas al procedimiento electrónico para el intercambio de ficheros entre la AEAT y las entidades de crédito, en el ámbito de las obligaciones de información a la Administración tributaria relativas a extractos normalizados de cuentas corrientes.

- Las que deban practicarse con ocasión de la participación por medios electrónicos en procedimientos de enajenación de bienes desarrollados por los órganos de recaudación de la AEAT.

La AEAT **deberá** notificar a los sujetos obligados su inclusión en el sistema de dirección electrónica habilitada.

En los supuestos de alta en el **Censo de Obligados Tributarios** la notificación de la inclusión en el sistema de dirección electrónica habilitada se podrá realizar junto a la correspondiente a la comunicación del número de identificación fiscal que le corresponda.

1.7. Entrada en el domicilio de los obligados tributarios

La entrada en el domicilio de los obligados tributarios y la necesaria autorización judicial

Cuando en los procedimientos de aplicación de los tributos sea necesario entrar en el domicilio constitucionalmente protegido de un obligado tributario o efectuar registros en el mismo, la Administración tributaria deberá obtener el **consentimiento** de aquél o la oportuna **autorización judicial**. Así aparece recogido en el artículo 113 de la LGT.

El mentado artículo establece los requisitos que debe reunir la solicitud de autorización judicial para la ejecución del acuerdo de entrada en el domicilio:

- Debe estar debidamente justificada.
- Debe motivar la finalidad, necesidad y proporcionalidad de la entrada.

La solicitud y la concesión de la autorización judicial podrán practicarse incluso con carácter previo al inicio formal del correspondiente procedimiento, si bien se exige que el acuerdo de entrada contenga:

- La identificación del obligado tributario.
- Los conceptos y períodos que van a ser objeto de comprobación.

> **A TENER EN CUENTA**. El artículo 113 de la LGT ha sido modificado por la Ley 11/2021, de 9 de julio, de medidas de prevención y lucha contra el fraude fiscal, con efectos a partir del 11 de julio de 2021.

El **artículo 18 de nuestra Carta Magna**, reconoce como derecho fundamental la **inviolabilidad del domicilio**, entendido como derecho de no penetración en el domicilio en contra de la voluntad del titular del mismo. Este derecho de la persona se establece para garantizar su ámbito de privacidad, dentro del espacio limitado que la propia persona elige y que tiene que caracterizarse precisamente por quedar exento o inmune a las invasiones o agresiones exteriores, de otras personas o de la autoridad pública.

Pero la inviolabilidad del domicilio es un derecho relativo y limitado en cuanto que la propia Constitución autoriza su restricción en los supuestos y en las condiciones contemplados por la ley. Conforme al artículo 18 de la CE «*El domicilio es inviolable. Ninguna entrada y registro podrá hacerse en él sin consentimiento del titular o resolución judicial, salvo en los casos de flagrante delito*».

Los **artículos 545 y ss. de la Ley de Enjuiciamiento Criminal** establecen los **presupuestos legales para la restricción válida** de este derecho con fines de investigación judicial penal. Por su parte, el **artículo 93.5 de la LOPJ** y el **artículo 8.6 de la LJCA** regulan la entrada administrativa, atribuyendo a los Juzgados/Secciones de lo Contencioso-Administrativo la competencia para autorizar, mediante auto, la entrada en los domicilios y en los restantes edificios o lugares cuyo acceso requiera el consentimiento del titular, cuando ello proceda para la ejecución forzosa de actos de la Administración.

> **A TENER EN CUENTA**. El artículo 8 de la LJCA ha sido modificado en su apartado 6 por la Ley 11/2021, de 9 de julio, de medidas de prevención y lucha contra el fraude fiscal, con entrada en vigor el 11/07/2021 (día siguiente al de la publicación en el BOE de la norma). Se modifica añadiendo un último párrafo que establece lo siguiente:
>
> «Los **Juzgados de lo Contencioso-administrativo conocerán también de las autorizaciones para la entrada en domicilios y otros lugares constitucionalmente protegidos**, que haya sido **acordada por la Administración Tributaria** en el marco de una actuación o procedimiento de aplicación de los tributos aún con carácter previo a su inicio formal cuando, requiriendo dicho acceso el consentimiento de su titular, este se oponga a ello o exista riesgo de tal oposición».
>
> Además, también hay que recordar que, tras la reforma realizada por la LO 1/2025, de 2 de enero, una vez implantados de forma efectiva los tribunales de instancia (D.T. 1.ª), todas las referencias realizadas a los juzgados unipersonales se entenderán realizadas a las secciones del orden jurisdiccional correspondiente de los tribunales de instancia.

El domicilio inviolable es un espacio en el cual el individuo vive sin estar sujeto necesariamente a los usos y convenciones sociales y ejerce su libertad más íntima. Por ello, a través de este derecho no sólo es objeto de protección el espacio físico en sí mismo considerado, sino lo que en él hay de emanación de la persona y de esfera privada de ella.

El derecho a la inviolabilidad del domicilio **es predicable no sólo de las personas físicas sino también de las personas jurídicas.** Como ha declarado el Tribunal Constitucional «*Ausente de nuestro ordenamiento constitucional un precepto similar al que integra el art. 19.3 Ley Fundamental de Bonn, según el cual los derechos fundamentales rigen también para las personas jurídicas nacionales, en la medida en que, por su naturaleza, les resulten aplicables, lo que ha permitido que la jurisprudencia aplicativa de tal norma entienda que el derecho a la inviolabilidad del domicilio conviene también a las Entidades mercantiles, parece claro que nuestro Texto Constitucional, al establecer el* derecho a la inviolabilidad del domicilio, no lo circunscribe a las personas físicas, siendo pues extensivo o predicable igualmente en cuanto a las personas jurídicas, del mismo modo que este Tribunal ha tenido ya ocasión de pronunciarse respecto de otros derechos fundamentales, como pueden ser los fijados en el art. 24 CE, sobre prestación de tutela judicial efectiva, tanto a personas físicas como a jurídicas». **Sentencia del Tribunal Constitucional n.º 137/1985, de 17 de octubre, ECLI:ES:TC:1985:137.**

CUESTIÓN

¿La autorización de entrada en un domicilio puede incluir la autorización para acceder a la información contenida en dispositivos informáticos?

Sí, siempre que el auto de autorización justifique la necesidad y proporcionalidad de acceder a dicha información; un ejemplo de ello lo vemos en la STS n.º 1122/2024, de 25 de junio, ECLI:ES:TS:2024:3662, en la que se señala:

«El acceso a la información contenida en equipos o repositorios informáticos de datos que se encuentren en un domicilio constitucionalmente protegido o sean accesibles desde este, requiere que el auto que autoriza la entrada en dicho domicilio razone de manera específica la justificación del acceso a esa información, con la finalidad de salvaguardar los derechos fundamentales del art 18 de la de la Constitución que pudieran resultar eventualmente afectados.

A estos efectos, debe ponderarse la necesidad y proporcionalidad del acceso a tales datos, su naturaleza, la afección a la actividad empresarial o profesional de los equipos o servidores que los contengan, así como los derechos de su titular, según sea una persona física o jurídica».

RESOLUCIÓN RELEVANTE

Sentencia del Tribunal Supremo n.º 1604/2005, de 21 de noviembre, ECLI:ES:TS:2005:7798

Asunto: entrada en un local que no constituye domicilio constitucionalmente protegido. Solo es necesaria autorización de delegado o director del departamento.

«Las oficinas de XXXXX constituían un establecimiento abierto al público, salvo un despacho del administrador acusado XXXXX, habitación a la que no se extendió la entrada y registro. Así ha sido probado a través del acta de inspección y de las declaraciones en el juicio del testigo XXXXX, contable de XXXXX, y del testigo-perito Sr. XXXXX, inspector de Hacienda que llevó a cabo la actuación.

En consecuencia, el acto de entrada y registro no estuvo sometido a lo establecido en los arts. 558 y 566 LECr. o en el inciso último del art. 141 de la Ley General Tributaria (LGT), sino a lo preceptuado en la primera parte de ese art. 141, lo que implica que bastaba la no oposición de la persona dueña o moradora o encargada de la custodia del local, y, en caso de oposición, la autorización del delegado de Hacienda».

Sentencia del Tribunal Constitucional n.º 54/2015, de 16 de marzo, ECLI:ES:TC:2015:54

Asunto: Garantía de información para poder acceder.

«Ahora bien, en todos los casos, el consentimiento eficaz tiene como presupuesto el de la garantía formal de la información expresa y previa, que debe incluir los términos y alcance de la actuación para la que se recaba la autorización injerente. Así, en el ámbito del derecho a la intimidad, hemos apreciado la vulneración de dicha garantía en los casos en que la actuación no se ajusta a los términos y el alcance para el que se

otorgó el consentimiento, quebrando la conexión entre la actuación que se realiza y el objetivo tolerado para el que fue recabado el consentimiento (en este sentido, SSTC 110/1984, de 26 de noviembre, FJ 8, y 70/2009, de 23 de marzo, FJ 2).

6. A la hora de determinar los requisitos del consentimiento del titular ex art. 18.2 CE debemos tomar en consideración el contexto en que se produce la intervención injerente (STC 209/2007, 24 de septiembre, FJ 5)

En el caso ahora examinado, se trata de una actuación que infringe el contenido del art. 18.2 CE, como examinaremos a continuación.

(...)

Tal como se ha expresado anteriormente, la entrada en las dependencias de la empresa se hizo sin advertencia de derechos al interesado, por lo que, en el contexto de esa normativa, los funcionarios actuantes no podían considerar que la falta de oposición del obligado tributario fuera suficiente, pues su Reglamento de actuación les obligaba a despejar toda duda mediante la instrucción de derechos al interesado, advirtiéndole de la posibilidad de oponerse a la entrada en el domicilio para llevar a cabo la actuación inspectora.

Junto a ello, también ha de tenerse en cuenta que los actuarios portaban una autorización administrativa para la entrada que no fue necesario exhibir al ser facilitado el acceso por los socios administradores. Este dato es relevante en este caso pues la advertencia de derechos lógicamente debía incluir este dato, esto es, que portaban una autorización administrativa para el caso de negativa u oposición del obligado tributario, lo cual nos sitúa en una hipótesis de información manifiestamente insuficiente para recabar el consentimiento, pues la autorización administrativa en modo alguno habilita la entrada en los espacios físicos que constituyen el domicilio de la persona jurídica objeto de protección constitucional.

En consecuencia, apreciamos en este caso una quiebra esencial de la garantía de información para recabar consentimiento del interesado, que de esta forma resulta viciado, de lo que se concluye que no hay un consentimiento eficaz para justificar la intromisión domiciliaria en el supuesto contemplado y ello determina la apreciación de la lesión del art. 18.2 CE por la entrada en el domicilio social del día 21 de junio de 2006».

1.8. Denuncia pública ante la Administración tributaria

La regulación de la denuncia pública en el procedimiento tributario

La denuncia pública, regulada en el artículo 114 de la LGT, es una declaración de conocimiento por la cual el denunciante, aunque no presente un interés directo en la investigación del hecho, transmite a la Administración tributaria la noticia de un hecho que pudiera ser constitutivo de infracción tributaria o tener trascendencia para la aplicación de los tributos. Adicionalmente, puede contener elementos volitivos —declaración de voluntad—

cuando el denunciante, además de poner el hecho en conocimiento de la autoridad, expresa la voluntad de que se persiga la infracción.

El DEJ RAE define la denuncia pública tributaria como «*Modalidad de inicio del procedimiento tributario que deberá tener como contenido hechos o situaciones que puedan ser constitutivos de infracciones tributarias o con trascendencia para la aplicación de los tributos y que supondrá la iniciación de las correspondientes actuaciones cuando existan indicios suficientes de veracidad en los hechos imputados y estos sean desconocidos para la Administración tributaria*».

La denuncia pública es voluntaria, pues, fuera de los casos en los que el hecho pudiera ser constitutivo de delito, la ley no impone al ciudadano la obligación de denunciar el hecho ilícito, y sin perjuicio de los deberes de información y de colaboración que establecen los artículos 93 y 94 de la LGT.

La Administración solo tiene obligación de proceder cuando existan **indicios suficientes de veracidad** de los hechos imputados y sean desconocidos por la Administración. Cuando la denuncia sea infundada o no esté debidamente determinado el hecho procederá su archivo. En otro caso, la Administración incoará el procedimiento que corresponda.

Como mera declaración de conocimiento, la denuncia pública no supone el ejercicio de acción alguna, por lo que el denunciante no adquiere la condición de parte en el procedimiento incoado por denuncia.

|| Procedimiento

Recibida una denuncia, se remitirá al órgano competente para realizar las actuaciones que pudieran proceder.

Este órgano podrá:

- Acordar el archivo de la denuncia en los siguientes supuestos:
  » Cuando se considere infundada.
  » Cuando no se concreten o identifiquen suficientemente los hechos o las personas denunciadas.
- Iniciar las actuaciones que procedan si existen indicios suficientes de veracidad en los hechos imputados y éstos son desconocidos para la Administración tributaria. En este caso, la denuncia no formará parte del expediente administrativo.

CUESTIÓN

¿En qué posición queda el denunciante tras haber presentado la misma?

Una vez interpuesta la denuncia se aparta al denunciante del proceso:

- Como ya hemos apuntado, no se le considerará interesado en las actuaciones administrativas que se inicien como consecuencia de la denuncia.
- No se le informará del resultado de las mismas.
- No estará legitimado para la interposición de recursos o reclamaciones en relación con los resultados de dichas actuaciones.

RESOLUCIÓN ADMINISTRATIVA

Consulta vinculante de la Dirección General de Tributos (V0826-22), de 19 de abril de 2022

Asunto: Limitaciones de la denuncia pública.

«(...) la ley no establece que la legitimación para la presentación de la denuncia pública esté limitada a los obligados tributarios.

Cuestión distinta es que, para iniciar un procedimiento de rectificación de autoliquidaciones se ha de haber presentado la misma como obligado tributario. Así, dispone el artículo 120.3 de la LGT:

"Cuando un obligado tributario considere que una autoliquidación ha perjudicado de cualquier modo sus intereses legítimos, podrá instar la rectificación de dicha autoliquidación de acuerdo con el procedimiento que se regule reglamentariamente.".

*Es decir, **como denunciante, no cabe solicitar la rectificación de una autoliquidación**. Cabe solicitar dicha rectificación como obligado tributario que, en dicha condición, ha presentado la misma siempre que considere que se han perjudicado sus intereses legítimos o bien presentar la solicitud bajo las especialidades del artículo 129 del Reglamento General de las actuaciones y los procedimientos de gestión e inspección tributaria y de desarrollo de las normas comunes de los procedimientos de aplicación de los tributos, aprobado por el Real Decreto 1065/2007, de 27 de julio (BOE de 5 de septiembre), siempre que se estuviera bajo dicho amparo, lo que no se deduce de los hechos expuestos.*

*(...) tal y como se expone en el artículo 114 de la LGT, el órgano competente para realizar las actuaciones será el que determine si se inician o no las mismas, no formando la denuncia parte del expediente administrativo. El denunciante no tiene la consideración de interesado en las actuaciones administrativas que se puedan iniciar ni se le ha de informar sobre las mismas. Asimismo, en base a dicho precepto, **a través de la denuncia pública solo se podrán poner en conocimiento de la Administración tributaria hechos o situaciones que puedan ser constitutivos de infracciones tributarias o tener trascendencia para la aplicación de los tributos, no de carácter estrictamente civil.***

*En cuanto a última cuestión referida al régimen sancionador y, en base al artículo 179 de la LGT, **el hecho de interponer una denuncia no es causa per se, en principio, de exoneración de la responsabilidad en la comisión de infracciones tributarias que se hubieran podido cometer.** En su caso, corresponde al órgano competente de la Administración tributaria gestora dirimir esta cuestión en el procedimiento eventualmente procedente».*

1.9. Potestades y funciones de comprobación e investigación de la Administración tributaria

La potestades y funciones de comprobación e investigación de la Administración tributaria: alcance y límites

La comprobación es una actividad administrativa dirigida a la determinación de los hechos relevantes para la liquidación del tributo y, su caso, para la regularización tributaria del obligado.

Todos los órganos de la Administración tributaria, y no sólo la inspección (artículos 141, 142 y 145 de la LGT), sino también los de gestión (artículos 134 y ss. de la LGT), incluso los de recaudación (artículos 162 de la LGT), tienen competencia para las actividades de comprobación e investigación. Aunque sólo cuando la comprobación la realice la Inspección, la resolución que ponga fin al expediente tendrá la consideración de liquidación definitiva (artículo 101 de la LGT). Por el contrario, las actuaciones de comprobación formal de los datos consignados en las declaraciones tributarias, o las de comprobación abreviada, facultan sólo al órgano de gestión para dictar liquidaciones provisionales. Ello es consecuencia de que las facultades de comprobación en el procedimiento de gestión no alcanzan la amplitud de la comprobación e investigación realizada por la Inspección. Así, la comprobación abreviada en procedimiento de gestión, aunque es algo más que una mera verificación de datos para detectar errores en la declaración o autoliquidación presentada por el contribuyente, o la discordancia de los datos declarados con los obrantes en poder de la Administración (artículos 131 a 133 de la LGT), es limitada en cuanto al objeto, sólo se refiere a las declaraciones o autoliquidaciones presentadas o las omitidas cuando obren antecedentes en poder de la Administración; en los medios, pues los órganos de gestión no tienen la facultad de examen de la contabilidad mercantil ni de requerir de terceros información sobre movimientos financieros, y en cuanto al lugar de realización, pues las actuaciones de comprobación limitada se realizarán con carácter general en las oficinas de la Administración tributaria (artículo 136 de la LGT).

En suma, en sede de gestión las actuaciones de comprobación se refieren a datos y antecedentes que obren en poder de la Administración tributaria, sin que supongan una auténtica investigación del hecho, reservada sólo a la Inspección de los Tributos, a la que el artículo 142 de la LGT reconoce amplias facultades de investigación, con posibilidad de examen de la documentación contable y de requerir información de terceros con el solo límite de que tenga relevancia tributaria. Y estas amplias facultades son reconocidas en el artículo 162 de la LGT a los órganos de recaudación ejecutiva con la finalidad de asegurar o efectuar el cobro de la deuda tributaria.

Por tanto, en virtud de lo dispuesto en el artículo 115 de la LGT, podemos afirmar que la Administración tributaria, para verificar el correcto cumplimiento de las normas aplicables, podrá comprobar e investigar los siguientes aspectos:

- Hechos.
- Actos.
- Elementos.
- Actividades.
- Explotaciones.
- Negocios.
- Valores.
- Las demás circunstancias determinantes de la obligación tributaria.

Esta comprobación e investigación podrá realizarse aún en el caso de que afecte a ejercicios o periodos y conceptos tributarios respecto de los que se hubiese producido la prescripción, ampliándose así el ámbito de las comprobaciones e investigaciones a hechos que tuvieron lugar en ejercicios ya prescritos, siempre que sus efectos afecten a ejercicios no prescritos.

En el desarrollo de las funciones de comprobación e investigación a que se refiere este artículo, la Administración tributaria podrá calificar los hechos, actos, actividades, explotaciones y negocios realizados por el obligado tributario con independencia de la previa calificación que éste último hubiera dado a los mismos y del ejercicio o periodo en el que la realizó, resultando de aplicación, en su caso, lo dispuesto en los artículos 13, 15 y 16 de la LGT.

Esta calificación realizada por la Administración tributaria en los procedimientos de comprobación e investigación en aplicación de lo dispuesto en este apartado **extenderá sus efectos respecto de la obligación tributaria objeto de aquellos** y, en su caso, respecto de **aquellas otras respecto de las que no se hubiese producido la prescripción** regulada en el artículo 66.a) de la LGT.

Estas precisiones con respecto a la imprescriptibilidad de las actuaciones de comprobación han sido introducidas por la Ley 34/2015, de 21 de septiembre, en vigor desde el 12 de octubre de 2015, que también introduce un nuevo artículo 66 bis en la LGT que complementa este derecho de la Administración. Hay que recordar que el Tribunal Supremo ya venía aplicando este criterio aunque no con uniformidad, tal y como bien recoge el voto particular de la **STS n.º 382/2025, de 2 de abril, ECLI:ES:TS:2025:1439**, que analiza el conflicto entre la seguridad jurídica que da la prescripción ya ganada, y la imprescriptibilidad regulada en el artículo 115 de la LGT resumiendo la postura de nuestro Alto Tribunal en distintas sentencias.

A TENER EN CUENTA. Los actos de concesión o reconocimiento de beneficios fiscales que estén condicionados al cumplimiento de ciertas condiciones futuras o a la efectiva concurrencia de determinados requisitos no comprobados en el procedimiento en que se dictaron tendrán carácter provisional. La Administración tributaria podrá comprobar en un posterior procedimiento de aplicación de los tributos la concurrencia de tales condiciones o requisitos y, si procede, regularizar la situación tributaria del obligado sin necesidad de proceder a la previa revisión de dichos actos provisionales.

CUESTIÓN

¿Puede la AEAT exigir justificación documental que afecte a ejercicios prescritos?

Sí, tal y como hemos visto, en virtud del artículo 115 de la LGT podría exigirse documentación de ejercicios prescritos, y así lo recoge la **consulta vinculante de la Dirección General de Tributos (V2513-23), de 18 de septiembre de 2023**: «(...) *con independencia de la obligación tributaria en concreto respecto a la cual la Administración tributaria solicite la justificación documental, extremo éste que no es manifestado por el consultante, el artículo 115 de la LGT habilita a esa solicitud, incluso aunque dicha justificación documental afecte a ejercicios prescritos, siempre y cuando resulte precisa en relación a una obligación tributaria no prescrita*».

RESOLUCIÓN RELEVANTE

Sentencia de la Audiencia Nacional, rec. 1320/2020, de 23 de junio de 2025, ECLI:ES:AN:2025:3174

Asunto: Aplicación de la imprescriptibilidad de las actuaciones de comprobación incluso para actuaciones realizadas antes de la reforma que la reconoce cuando aún iniciado el procedimiento antes de la reforma no se hubiese formalizado propuesta de liquidación.

*«La jurisprudencia ha interpretado esta reforma legal en el sentido de declarar que, tras la entrada en vigor de la Ley 34/2015, se ha recogido por el legislador el **principio de imprescriptibilidad de las actuaciones de comprobación**, y ello con **independencia de la fecha en que se realizó el negocio "calificado"**, si lo fue bajo la vigencia de la Ley de 1963, como aquí ocurre, o con la vigencia de la LGT de 2003 en la redacción original del artículo 115, pues lo determinante es que el régimen jurídico establecido tras la reforma de la Ley General Tributaria llevada a cabo por la Ley 34/2015 resulte de aplicación, por tratarse de procedimientos de comprobación e investigación ya iniciados a la entrada en vigor de la Ley, en los que a dicha fecha **no se hubiera formalizado propuesta de liquidación** (por ejemplo, en sentencia del Tribunal Supremo de 11 de marzo de 2024, rec. 8243/2022, FJ 4.5).*

40. Según la jurisprudencia, tras la reforma de la Ley 34/2015 se han reforzado las potestades administrativas en esta materia, lo que se desprende no solo del tenor del artículo 115 LGT que impulsa la reforma, sino de la introducción del nuevo artículo 66 bis, habiéndose dado reflejo legal al criterio tradicionalmente mantenido por la Administración tributaria, conforme al cual el artículo 66 LGT, que regula el instituto de la prescripción, no impide comprobar ejercicios prescritos que puedan proyectar sus efectos en ejercicios no prescritos (por ejemplo, en sentencia del Tribunal Supremo de 11 de marzo de 2024, rec. 8243/2022, FJ 4.5).

41. En definitiva -concluye el Tribunal Supremo-, se amplían las facultades de la Administración tributaria, que podrá comprobar e investigar los hechos, actos, elementos, explotaciones, negocios, valores y demás circunstancias que determinen la obligación tributaria aun cuando éstos afecten a ejercicios o periodos y conceptos tributarios respecto de los que se hubiese producido la prescripción del derecho de la Administración a determinar la deuda tributaria mediante la oportuna liquidación, siempre y cuando hubieran de surtir efectos fiscales en ejercicios o periodos en los que dicha prescripción no se hubiese producido (por ejemplo, en sentencia del Tribunal Supremo de 11 de marzo de 2024, rec. 8243/2022, FJ 4.6).

42. Lo resuelto hasta aquí permite descartar, por una parte, que sea aplicable el art. 115 de la LGT en su redacción original, como sostiene el recurrente.

43. Al resultar aplicable la redacción del art. 115 de la LGT introducida por la Ley 34/2015, conforme a la jurisprudencia expuesta, no hay duda de que la Administración tributaria podía comprobar e investigar los hechos determinante de la obligación tributaria aun cuando éstos afectaran a ejercicios o periodos y conceptos tributarios respecto de los que se hubiese producido la prescripción del derecho de la Administración a determinar la deuda tributaria mediante la oportuna liquidación, siempre y cuando hubieran de surtir efectos fiscales en ejercicios o periodos en los que dicha prescripción no se hubiese producido, como es el caso».

|| El plan de control tributario

El DEJ RAE define el plan de control tributario como el «(...) *Documento elaborado por la Administración tributaria de carácter reservado, sin perjuicio de la publicidad de las directrices generales que lo informan, en el que se determinan anualmente las líneas de actuación de prevención y control del fraude más relevantes».*

Por su parte, el artículo 116 de la LGT dispone que la Administración tributaria elaborará anualmente un plan de control tributario que tendrá carácter reservado, aunque ello no impedirá que se hagan públicos los criterios generales que lo informen.

Por su parte, el artículo 170 del RGAT dispone que cada Administración tributaria integrará en el Plan de control tributario, el plan o los planes parciales de inspección, que se basarán en los siguientes criterios:

- Riesgo fiscal.
- Oportunidad.
- Aleatoriedad.
- Otros criterios que se estimen pertinentes.

Añade también que: *«En el ámbito de las competencias de la Agencia Estatal de Administración Tributaria, el plan o los planes parciales de inspección se elaboraran anualmente basándose en las directrices del Plan de control tributario, en el que se tendrán en cuenta las propuestas de los órganos inspectores territoriales, y se utilizará el oportuno apoyo informático».*

Resulta interesante citar aquí la **sentencia del Tribunal Supremo n.º 1611/2018, de 13 de noviembre, ECLI:ES:TS:2018:3750,** en la que se afirma:

> «Habiéndose de destacar que estos Planes permitirán señalar o singularizar grupos colectivos sobre los que la Administración tenga razonables indicios de fraude, e iniciar frente a sus componentes actuaciones de reclamación de información como paso previo para iniciar en su caso actuaciones individualizadas de investigación.
>
> Y siendo de subrayar muy especialmente que, en lo que hace a la motivación de estas reclamaciones colectivas de información, consistirá en explicar o justificar por qué el colectivo de que se trate ha de considerarse incluido en el correspondiente Plan».

2.
PROCEDIMIENTO SANCIONADOR EN MATERIA TRIBUTARIA

Regulación del procedimiento sancionador en materia tributaria

El procedimiento sancionador en materia tributaria se encuentra regulado del siguiente modo:

- En los artículos 207 y siguientes de la LGT.
- En el Real Decreto 2063/2004, de 15 de octubre, por el que se aprueba el Reglamento general del régimen sancionador tributario (en adelante RGRST).
- Con carácter supletorio, por las normas generales del procedimiento sancionador en materia administrativa.

Como regla general, el procedimiento sancionador se tramita de forma separada respecto de los procedimientos de aplicación de los tributos regulados en el título III de la LGT (apartado 1 del art. 21 del RGRST). No obstante, el obligado tributario puede renunciar a esta tramitación separada, de modo que la sanción se tramite conjuntamente con el procedimiento de aplicación de los tributos.

En los supuestos en los que el obligado tributario renuncie a la tramitación separada del procedimiento sancionador y en las actas con acuerdo, las cuestiones correspondientes a las infracciones se analizan en el procedimiento de aplicación de los tributos conforme a la normativa reguladora del mismo.

Ejercicio del derecho de renuncia a la tramitación separada del procedimiento sancionador

El art. 26 del RGRST desarrolla el derecho del interesado a renunciar a la tramitación separada del procedimiento sancionador, previsto con carácter general en el art. 208 de la LGT.

La renuncia supone que el procedimiento sancionador se tramite conjuntamente con el procedimiento de aplicación de los tributos del que deriva, de forma que:

- Las actuaciones de comprobación, las pruebas practicadas y la documentación obtenida sirven simultáneamente para la liquidación y para la eventual sanción.

- Los plazos, efectos de su incumplimiento y demás reglas procedimentales aplicables serán los propios del procedimiento de aplicación de los tributos de que se trate (apartado 1 del art. 27 del RGRST).

- Pese a la tramitación conjunta, cada procedimiento concluye con una resolución distinta: una de liquidación y otra de sanción (apartado 2 del art. 27 del RGRST).

Como **regla general** la renuncia debe formularse durante los **dos primeros meses del procedimiento de aplicación de los tributos**, salvo que antes de dicho plazo se notifique la propuesta de resolución o liquidación; en tal caso, la renuncia podrá formularse hasta la finalización del trámite de alegaciones posterior a dicha propuesta (art. 26.1, primer párrafo, del RGRST). Ahora bien, es preciso señalar dos especialidades en cuanto al plazo:

- En el **procedimiento de inspección**: el interesado podrá renunciar durante los **seis primeros meses del procedimiento inspector**, salvo que antes de dicho plazo haya concluido el trámite de audiencia previo a la suscripción del acta; en este último caso, la renuncia podrá formularse hasta la finalización de dicho trámite de audiencia (art. 26.1, segundo párrafo, del RGRST).

- En los **procedimientos iniciados directamente por propuesta de resolución o liquidación**: cuando el procedimiento de aplicación de los tributos se inicie mediante la notificación de una propuesta de resolución, el obligado tributario solo podrá renunciar a la tramitación separada del procedimiento sancionador durante el **plazo de alegaciones conferido** frente a dicha propuesta (art. 26.2 del RGRST).

La renuncia debe realizarse por escrito y ha de ser una manifestación expresa del interesado, sin que sea posible la renuncia tácita.

> **A TENER EN CUENTA**. El cómputo de los plazos de dos o seis meses para ejercitar la renuncia se realiza por meses naturales, sin descontar las interrupciones justificadas, dilaciones no imputables a la Administración ni, en el caso del procedimiento inspector, los periodos de suspensión o de extensión del plazo de duración del mismo (art. 26.1, tercer párrafo, del RGRST).

La renuncia a la tramitación separada se configura como un derecho de ejercicio limitado temporalmente e irrevocable una vez ejercida, de conformidad con lo establecido en el apartado 3 del artículo 26 del RGRST:

- No puede ejercitarse la renuncia fuera de los plazos previstos en los apartados 1 y 2 del artículo 26 del RGRST.

- La opción expresa del interesado de renunciar a la tramitación separada no puede rectificarse con posterioridad a su ejercicio, salvo el supuesto específico contemplado en el apartado 5 del artículo 28 del RGRST.

A TENER EN CUENTA. Si el obligado tributario no renuncia en los plazos habilitados, la Administración deberá iniciar, en su caso, el procedimiento sancionador dentro del plazo máximo previsto en el apartado 2 del artículo 209 de la LGT y tramitarlo siempre de forma separada respecto del procedimiento de aplicación de los tributos.

Derechos y garantías en el procedimiento sancionador

En el procedimiento sancionador se garantizan, en todo caso, los siguientes derechos a los afectados, tanto cuando la tramitación sea separada como cuando sea conjunta tras la renuncia del art. 26 del RGRST:

- Derecho **a ser notificados** de:
  - » Los hechos que se le imputen.
  - » Las infracciones que tales hechos puedan constituir.
  - » Las sanciones que se le puedan imponer.
  - » La identidad del instructor.
  - » La autoridad competente para imponer la sanción.
  - » La norma que atribuya tal competencia.
- Derecho a **formular alegaciones** y a **utilizar los medios de prueba y defensa admitidos** por el ordenamiento jurídico que resulten procedentes.
- Disfrutar de los derechos reconocidos en el **artículo 34 de la LGT**, entre ellos, el de información, asistencia, confidencialidad de datos y obtención de copias.
- Que las notificaciones se efectúen de acuerdo con lo previsto en la sección 3.ª del capítulo II del título III de la LGT, incluida la normativa sobre notificaciones electrónicas obligatorias cuando proceda.

¿Quién puede ser sancionado por la infracción tributaria?

El **principio de personalidad de la sanción**, manifestación del principio de culpabilidad, determina que solo pueden ser sancionados quienes puedan ser responsabilizados de la infracción por su contribución efectiva a la elusión del tributo. En consecuencia, las sanciones no son, en principio, transmisibles a terceros ajenos al ilícito, ni puede declararse responsable a nadie por el mero hecho de otro.

Desde esta perspectiva:

- Las sanciones son **intransmisibles a los sucesores de las personas físicas**, tal y como señalan el apartado 1 del artículo 39 de la LGT y el apartado 3 del artículo 182 de la LGT, extinguiéndose la responsabilidad sancionadora con el fallecimiento del infractor.

- Las sanciones impuestas a **personas jurídicas disueltas** se transmiten a sus sucesores hasta el límite de la cuota de liquidación, conforme al apartado 5 del artículo 40 de la LGT y al apartado 3 del artículo 182 de la LGT. No se transmite la sanción como tal, sino la responsabilidad pecuniaria que recae sobre el patrimonio objeto de liquidación. En términos análogos, responde quien adquiere una explotación o actividad económica en los términos del apartado 1.c) del artículo 42 de la LGT.

- Solo **serán responsables de la sanción** quienes hayan causado o colaborado eficazmente en la realización de una infracción tributaria (artículo 183 y artículo 42.1 de la LGT). Aunque el apartado 1 del artículo 42.1 de la LGT emplea el término «activamente», cabe también la contribución por omisión, siempre que haya existido un dominio fáctico sobre la situación que permitió la infracción.

- Responden igualmente quienes **hayan impedido el cobro de la deuda** colaborando en la sustracción de bienes susceptibles de embargo (apartado 2 del artículo 42 de la LGT), supuesto de responsabilidad por colaboración en la elusión del crédito público.

- En el caso de **decisiones colegiadas,** se excluye la responsabilidad de quienes hubieran salvado su voto o no hubieran asistido a la reunión en que se adoptó el acuerdo, salvo ausencias concertadas o dolosas (apartado 2 del artículo 179 de la LGT).

Pueden ser responsables de la infracción tributaria no solo las **personas físicas, sino también las jurídicas**, incluso los entes en régimen de imputación de rentas, sin personalidad:

- El Tribunal Constitucional ha admitido que el derecho administrativo sancionador admite la **responsabilidad directa de las personas jurídicas**, lo que implica reconocerles capacidad infractora propia. Ello no suprime el elemento subjetivo de la culpa, sino que exige una construcción específica de la imputación a la persona jurídica, en atención a su naturaleza de ficción jurídica. Responde quien ostenta el dominio fáctico de la situación que permite cumplir o incumplir el deber tributario: típicamente, el administrador o representante con capacidad de disposición sobre la conducta de la entidad (**STC n.º 129/2003, de 30 de junio, ECLI:ES:TC:2003:129**).

- La responsabilidad de los administradores de hecho y derecho se regula en el apartado 1.a) del artículo 42 de la LGT el cual establece que los administradores de hecho o de derecho de una sociedad pueden ser considerados responsables subsidiarios de las deudas tributarias y sanciones cuando la sociedad haya cometido infracciones tributarias y ellos no hayan actuado con la diligencia debida para evitar dichas infracciones. Desde la perspectiva material, se atiende a quién ha asumido el dominio efectivo de la gestión y de las decisiones relevantes para el cumplimiento del deber tributario.

2.1. Principios del procedimiento sancionador tributario

¿Qué principios del Derecho se aplican al procedimiento sancionador?

El procedimiento sancionador tributario se rige por un haz de principios materiales y procedimentales que limitan el *ius puniendi* de la Administración y garantizan los derechos del obligado tributario, destacando los siguientes: legalidad, tipicidad, culpabilidad (responsabilidad), *non bis in idem*, irretroactividad, defensa, presunción de inocencia, buena fe y seguridad jurídica.

La aplicabilidad al derecho administrativo sancionador, incluido el tributario, de los principios propios del derecho penal ha sido admitida, con matizaciones, por el Tribunal Constitucional, al considerar que el derecho administrativo sancionador es también manifestación del *ius puniendi* del Estado.

En este sentido, la **sentencia del Tribunal Constitucional n.º 18/1981, de 8 de junio, ECLI:ES:TC:1981:18**, declara:

> «(...) los principios inspiradores del orden penal son de aplicación, con ciertos matices, al derecho administrativo sancionador, dado que ambos son manifestaciones del ordenamiento punitivo del Estado, tal y como refleja la propia Constitución (art. 25, principio de legalidad) y una muy reiterada jurisprudencia de nuestro Tribunal Supremo (Sentencia de la Sala Cuarta de 29 de septiembre, 4 y 10 de noviembre de 1980, entre las más recientes), hasta el punto de que un mismo bien jurídico puede ser protegido por técnicas administrativas o penales, si bien en el primer caso con el límite que establece el propio art. 25.3, al señalar que la Administración Civil no podrá imponer penas que directa o subsidiariamente impliquen privación de libertad. Debe añadirse que junto a las diferencias apuntadas en la aplicación de los principios inspiradores existen otras de carácter formal en orden a la calificación (delito o falta, o infracción administrativa), la competencia y el procedimiento (penal o administrativo con posterior recurso ante la jurisdicción contencioso-administrativa); ello, además del límite ya señalado respecto al contenido de las sanciones administrativas».

En el ámbito tributario, la potestad sancionadora se ejerce de conformidad con los principios generales del derecho administrativo sancionador y las especialidades previstas en la Ley 58/2003, de 17 de diciembre, General Tributaria (LGT) y en la Ley 40/2015, de 1 de octubre, de Régimen Jurídico del Sector Público (LRJSP).

El **artículo 178 de la LGT** declara que la potestad sancionadora en materia tributaria se ajustará a los principios de legalidad, tipicidad, responsabilidad, proporcionalidad, no concurrencia e irretroactividad, además de los reguladores de la potestad sancionadora administrativa en general (derecho de defensa, presunción de inocencia, buena fe, seguridad jurídica, entre otros), hoy recogidos fundamentalmente en los artículos 25 a 31 de la LRJSP.

Estos principios se proyectan tanto sobre el diseño normativo de las infracciones y sanciones como sobre la tramitación concreta de cada procedimiento sancionador (artículos 209 a 212 de la LGT y, supletoriamente, Ley 39/2015, de 1 de octubre, del Procedimiento Administrativo Común de las Administraciones Públicas —LPACAP—).

‖ Principio de legalidad sancionadora

El principio de legalidad se apoya en el artículo 25.1 de la Constitución Española (CE), que dispone que nadie puede ser sancionado por acciones u omisiones que en el momento de producirse no constituyan infracción administrativa según la legislación vigente, y en el artículo 25 de la LRJSP, que exige que la potestad sancionadora se ejerza cuando haya sido reconocida expresamente por una norma con rango de ley.

En el procedimiento sancionador tributario, este principio exige:

- Que la potestad sancionadora derive de una previsión legal expresa.
- Que las infracciones y sanciones estén tipificadas en norma con rango de ley.
- Que los órganos competentes para imponer sanciones estén legal o reglamentariamente habilitados (artículo 25.2 de la LRJSP).
- Que se siga el procedimiento establecido legal y reglamentariamente, como garantía del principio de legalidad formal.

La jurisprudencia constitucional. véase por ejemplo la **STC n.º 242/2005, de 10 de octubre, ECLI:ES:TC:2005:242**, ha precisado que el principio de legalidad incorpora una doble garantía:

- **Garantía formal**: reserva de ley en materia sancionadora, aunque de carácter relativo en el ámbito administrativo, al admitirse una colaboración reglamentaria subordinada y complementaria, sin creación de nuevos ilícitos ni sanciones.
- **Garantía material**: exigencia de predeterminación normativa de las conductas ilícitas y de sus sanciones con la mayor precisión posible (*lex certa*), de forma que el ciudadano pueda prever las consecuencias de su conducta.

‖ Principio de tipicidad

El principio de tipicidad, en el ámbito sancionador general, se recoge en el artículo 27 de la LRJSP y, en materia tributaria, en el artículo 183 de la LGT, que define las infracciones como «*acciones u omisiones dolosas o culposas con cualquier grado de negligencia que estén tipificadas y sancionadas como tales en esta u otra ley*».

Su proyección en el procedimiento sancionador implica:

- Que solo constituyen infracción las conductas previstas como tales en una ley (artículo 27.1 de la LRJSP).

- Que únicamente por la comisión de infracciones así definidas pueden imponerse sanciones, previamente delimitadas por ley (artículo 27.2 de la LRJSP).

- Que el reglamento solo puede introducir especificaciones o graduaciones sin crear nuevos tipos (artículo 27.3 de la LRJSP).

- Que las normas definidoras de infracciones y sanciones no admiten aplicación analógica (artículo 27.4 de la LRJSP).

La tipicidad se relaciona estrechamente con el principio de seguridad jurídica y exige (STS n.º 74/2017, de 23 de enero; ECLI:ES:TS:2017:150):

- Descripciones legales claras y precisas de los elementos fácticos del tipo.

- Determinación, al menos en términos de mínimos y máximos, del importe de la sanción.

- En el plano aplicativo, que la Administración:

  » Identifique correctamente el tipo infringido.

  » Motivando la subsunción de los hechos en el precepto aplicable.

  » Y especifique la cobertura legal de cualquier precepto reglamentario utilizado.

Principio de responsabilidad y culpabilidad

El principio de responsabilidad se recoge, con carácter general, en el artículo 28 de la LRJSP y, en materia tributaria, en el artículo 179 de la LGT. Este último establece que solo podrán ser sancionadas las personas físicas o jurídicas y las entidades mencionadas en el apartado 4 del artículo 35 de la LGT cuando resulten responsables de hechos constitutivos de infracción.

Desde la perspectiva del procedimiento sancionador, ello implica:

- Prohibición de responsabilidad objetiva: es necesaria culpabilidad (dolo o culpa, incluso por simple negligencia) definida en el artículo 183 de la LGT.

- Necesidad de imputabilidad, reprochabilidad y posibilidad de exigir un comportamiento distinto.

- Exclusión de sanción cuando concurren las causas enumeradas en el artículo 179.2 de la LGT, como, por ejemplo, cuando la acción u omisión la realice quien carece de capacidad de obrar en el orden tributario, cuando concurra fuerza mayor, cuando se haya puesto la diligencia necesaria en el cumplimiento de las obligaciones tributarias, cuando se deban a deficiencias técnicas de programas informáticos de asistencia facilitados por la Administración tributaria...

El órgano sancionador debe, por tanto, motivar no solo la existencia del hecho infractor, sino también el juicio de culpabilidad, sin que baste la mera existencia de una regularización administrativa de la deuda.

JURISPRUDENCIA

Sentencia del Tribunal Supremo n.º 2335/2023, de 23 de mayo, ECLI:ES:TS:2023:2335

Asunto: acreditación de no culpabilidad por interpretación razonable de la norma, artículo 179.2.d).

«*Como hemos declarado en reiterada jurisprudencia, por todas STS de 8 de noviembre de 2016 (rec. cas. 2944/2015) ""[...] lo que no puede hacer el poder público, sin vulnerar el principio de culpabilidad que deriva del art. 25 CE [véase, por todas, la Sentencia de esta Sección de 6 de junio de 2008 (rec. cas. para la unificación de doctrina núm. 146/2004), FD 4], es imponer una sanción a un obligado tributario (o confirmarla en fase administrativa o judicial de recurso) por sus circunstancias subjetivas -aunque se trate de una persona jurídica, tenga grandes medios económicos, reciba o pueda recibir el más competente de los asesoramientos y se dedique habitual o exclusivamente a la actividad gravada por la norma incumplida- si la interpretación que ha mantenido de la disposición controvertida, aunque errónea, puede entenderse como razonable*"*».

A TENER EN CUENTA. Los arts. 181 y 182 de la LGT regulan la consideración del sujeto infractor como deudor principal y la posible extensión del pago de sanciones a responsables solidarios y subsidiarios (arts. 42 y 43 de la LGT), sin que ello signifique imputarles la comisión de la infracción, sino su obligación de pago en determinados supuestos. Desde la óptica del principio de personalidad de la sanción, destacan dos reglas básicas:

- Las sanciones no se transmiten a los sucesores de personas físicas.
- Se transmiten a los sucesores de personas jurídicas disueltas, hasta el límite del valor de su cuota de liquidación.

|| Principio de no concurrencia *(non bis in idem)*

El principio de no concurrencia, concreción del *non bis in idem*, se recoge en el artículo 180 de la LGT y en el artículo 31 de la LRJSP. Se proyecta en dos planos:

- **Material o sustantivo**: veda sancionar dos veces al mismo sujeto, por los mismos hechos y con el mismo fundamento. No pueden aplicarse múltiples normas sancionadoras por el mismo hecho.

- **Procesal o formal**: prohíbe la duplicidad de procedimientos sancionadores cuando concurre triple identidad de sujeto, hecho y fundamento.

El apartado primero del artículo 180 de la LGT añade que una misma acción u omisión utilizada como criterio de graduación o como circunstancia de calificación (para declarar una infracción grave o muy grave) no puede ser sancionada como infracción independiente.

El artículo 180.2 de la LGT aclara que la realización de varias acciones u omisiones constitutivas de varias infracciones permite imponer todas las sanciones procedentes, salvo que se vulnere el principio de no concurrencia al sancionar de forma autónoma una conducta que ha servido solo como criterio de graduación o de calificación.

CUESTIÓN

¿Pueden concurrir la sanción penal y la sanción administrativa por un mismo hecho?

No, en caso de posible delito, la Administración debe abstenerse de continuar el procedimiento sancionador y pasar el tanto de culpa a la jurisdicción penal (preferente), sin perjuicio de reanudar la vía administrativa si la jurisdicción penal descarta la existencia de delito. Asimismo, si ya se hubiera impuesto una sanción administrativa por hechos que luego se califican como delito, el órgano penal deberá tenerla en cuenta a efectos de evitar un exceso punitivo.

RESOLUCIÓN ADMINISTRATIVA

Resolución del Tribunal Económico Administrativo Central n.º 5956/2017, de 8 de marzo de 2018.

Asunto: alcance del *non bis in idem*.

«Como se afirmó más arriba, la dimensión material o sustantiva del principio non bis in idem impide sancionar al mismo sujeto en más de una ocasión por el mismo hecho con el mismo fundamento. Pues bien, este Tribunal Central no aprecia vulneración alguna del citado principio en el caso examinado. Y es que aunque la infracción que se pone de manifiesto en ambos procedimientos sancionadores sea la misma, esto es, la acreditación improcedente de las mismas bases imponibles negativas, no puede obviarse que en el segundo procedimiento la infracción que se sanciona se cometió cuando el obligado tributario ya conocía la improcedencia de tales bases y, pese a ello, decidió incorporarlas de nuevo a su autoliquidación del ejercicio 2012. No nos encontramos, por tanto, ante una misma infracción que pretende sancionarse dos veces sino ante dos infracciones que pueden, en consecuencia, ser sancionadas independientemente. No se está sancionando dos veces una misma conducta infractora. Se sanciona una conducta infractora y su reiteración.

Cosa distinta habría que concluir si la comprobación inspectora que determinó la improcedente acreditación de las bases imponibles negativas de los ejercicios 2009 y 2010 hubiera finalizado después de vencido el plazo para la presentación de la autoliquidación del ejercicio 2012. En esta tesitura, ciertamente, se vulneraría el principio non bis in idem si la Administración, tras haber sancionado por la acreditación improcedente de bases imponibles negativas de los ejercicios 2009 y 2010, puesta de manifiesto en la comprobación de estos ejercicios, pretendiera sancionar al obligado tributario por la acreditación improcedente de esas mismas bases incorporadas a su autoliquidación del ejercicio 2012. En este caso la consignación por el obligado tributario de las bases negativas en su autoliquidación de 2012 no constituye un hecho nuevo susceptible de sanción independiente sino que es la consecuencia lógica y necesaria del hecho ya sancionado anteriormente. Se estaría en este caso en el supuesto 1 contemplado en la resolución de este Tribunal Central de 21 de marzo de 2013 (RG 1635/2011), dictada en unificación de criterio, esto es, en aquella situación en la que el error en el saldo pendiente de aplicación en ejercicios futuros se debe a que la base imponible negativa se autoliquidó incorrectamente en el ejercicio origen de la misma, situación para la cual la resolución señala que se debe sancionar en el ejercicio origen en que se autoliquidó incorrectamente la base imponible negativa».

|| Principio de irretroactividad y norma más favorable

El artículo 9.3 de la CE proclama la irretroactividad de las disposiciones sancionadoras no favorables o restrictivas de derechos individuales. En el ámbito tributario, el artículo 10.2 de la LGT establece que, salvo que se disponga lo contrario, las normas tributarias no tendrán efecto retroactivo, añadiendo una matización consistente en que las normas que regulen el régimen de infracciones y sanciones tributarias y el de los recargos tendrán efecto retroactivo respecto de actos no firmes cuando su aplicación resulte más favorable para el interesado.

Por su parte, el artículo 26 de la LRJSP recoge, con carácter general, que las disposiciones sancionadoras:

- Son aplicables, en principio, las vigentes en el momento de producirse los hechos.

- Producirán efecto retroactivo cuando sean más favorables para el infractor, incluso respecto de sanciones pendientes de cumplimiento.

Ello obliga al órgano sancionador y, en su caso, revisor, a comparar globalmente el régimen anterior y el nuevo, aplicando íntegramente el más favorable sin realizar combinaciones parciales de ambos (doctrina de la **STC n.º 131/1986, de 29 de octubre, ECLI:ES:TC:1986:131**).

|| Derecho de defensa del presunto infractor

Con relación al derecho de defensa, cabe destacar que aunque el artículo 24.2 de la CE se refiere al proceso jurisdiccional, el Tribunal Constitucional ha extendido sus garantías esenciales al procedimiento administrativo sancionador, con las modulaciones derivadas de su distinta naturaleza (**STC n.º 54/2015, de 16 de marzo, ECLI:ES:TC:2015:54**).

Entre estas garantías destacan, con especial incidencia práctica en el procedimiento sancionador tributario:

- Derecho a la defensa, excluyente de toda indefensión.

- Derecho a ser informado de la acusación.

- Derecho a la asistencia letrada (en términos modulados).

- Derecho a utilizar los medios de prueba pertinentes.

- Derecho a no declarar contra sí mismo y a no confesarse culpable.

- Derecho a la presunción de inocencia.

|| Presunción de inocencia

La presunción de inocencia, recogida en el artículo 24.2 de la CE y positivizada, en el ámbito procedimental general, en el artículo 53.2.b de la LPACAP, implica que el presunto infractor se presume no responsable mientras no se pruebe lo contrario.

En el procedimiento sancionador tributario, ello supone que:

- La carga de la prueba de los hechos constitutivos de la infracción recae sobre la Administración.

- No cabe invertir la carga probatoria exigiendo al contribuyente que acredite su inocencia o la inexistencia de culpabilidad.

- Las actas de inspección y demás documentos administrativos constituyen un medio de prueba más, sometido a libre valoración, sin gozar de presunción absoluta de veracidad en materia sancionadora.

- Cualquier insuficiencia probatoria debe traducirse en un pronunciamiento absolutorio.

‖ Principio de buena fe y confianza legítima

El principio de buena fe se recoge en el artículo 7.1 del Código Civil, en el artículo 11 de la Ley Orgánica del Poder Judicial y en el artículo 247 de la LEC, proyectándose también sobre las relaciones entre Administración y contribuyentes.

En el procedimiento sancionador tributario, la buena fe implica:

- Que se presuma la buena fe del contribuyente; si la Administración pretende sancionarle por actuar de mala fe, debe probarlo.
- Que la mera negligencia, acreditada, puede bastar para la existencia de infracción sin necesidad de acreditar mala fe subjetiva.
- Que la Administración está vinculada por sus propios actos y criterios cuando han generado una confianza legítima en el contribuyente.

‖ Principio de seguridad jurídica

El principio de seguridad jurídica, consagrado en el artículo 9.3 de la CE, exige previsibilidad, estabilidad y claridad en la actuación administrativa. El DEJ RAE lo define como un principio general del derecho que impone que toda persona tenga conocimiento cierto y anticipado sobre las consecuencias jurídicas de sus actos y omisiones, recogiendo la **sentencia del Tribunal Constitucional n.º 27/1981, de 20 de julio, ECLI:ES:TC:1981:27**, que por seguridad jurídica se entiende: «(...) *suma de certeza y legalidad, jerarquía y publicidad normativa, irretroactividad de lo no favorable, interdicción de la arbitrariedad, pero que, si se agotara en la adición de estos principios, no hubiera precisado de ser formulada expresamente. La seguridad jurídica es la suma de estos principios, equilibrada de tal suerte que permita promover, en el orden jurídico, la justicia y la igualdad, en libertad*».

En el ámbito sancionador tributario se manifiesta, de forma destacada, a través de:

- Los plazos de prescripción de infracciones y sanciones.
- La caducidad de los procedimientos sancionadores.
- La prohibición de dilaciones indebidas.

2.2. Órganos competentes en el procedimiento sancionador tributario

Órganos competentes en el procedimiento sancionador tributario iniciados como consecuencia de un procedimiento de inspección

‖ Órgano competente para la iniciación

De acuerdo con lo dispuesto en el apartado 3 del artículo 22 del RGRST y en el apartado 1 del artículo 25 del RGRST, en los procedimientos sancionadores iniciados por órganos de inspección, será competente para acordar la iniciación del procedimiento sancionador el **equipo o unidad que hubiera desarrollado la actuación de comprobación e investigación,** salvo que el inspector jefe designe otro diferente.

Cuando el inicio y la tramitación correspondan al mismo equipo o unidad que haya desarrollado o esté desarrollando las actuaciones de comprobación e investigación, el acuerdo de inicio podrá suscribirse por el jefe del equipo o unidad o por el funcionario que haya suscrito o vaya a suscribir las actas. En otro caso, la firma corresponderá al jefe de equipo o unidad o al funcionario que determine el inspector jefe.

> **A TENER EN CUENTA**. En todo caso, el inicio requerirá autorización previa del inspector jefe, que podrá ser concedida en cualquier momento del procedimiento de comprobación e investigación, o una vez finalizado este, pero antes del transcurso del plazo máximo de seis meses al que se refiere el artículo 209 de la LGT.

En el caso de que se trate de actuaciones inspectoras distintas a las que integran el procedimiento de inspección, el equipo o unidad que haya desarrollado las actuaciones de la infracción, será el competente para iniciar el procedimiento sancionador.

> **RESOLUCIÓN ADMINISTRATIVA**
>
> **Resolución del Tribunal Económico Administrativo Central n.º 2998/2022, de 18 de marzo de 2024**
>
> **Asunto: competencia para acordar el inicio y encomendar la instrucción del procedimiento sancionador de tramitación separada.**
>
> *«La competencia para acordar la iniciación de un procedimiento sancionador derivado de actuaciones de comprobación e investigación corresponde al equipo o unidad que hubiera desarrollado dichas actuaciones, salvo que el Inspector Jefe designe otro diferente.*
>
> *La instrucción del procedimiento podrá encomendarse por el Inspector Jefe al equipo o unidad competente para acordar el inicio o a otro equipo o unidad distinto, en función de las necesidades del servicio o de las circunstancias del caso. La referencia legal a la separación o independencia es relativa al expediente, y no al funcionario instructor, y ello no permite fundar alegaciones de falta de imparcialidad».*

|| Órgano competente para la instrucción

De acuerdo con el apartado 3 del artículo 25 del RGRST, la instrucción del procedimiento sancionador podrá encomendarse por el inspector jefe al equipo o unidad competente para acordar el inicio o a otro equipo o unidad distinto, en función de las necesidades del servicio o de las circunstancias del caso.

La propuesta de resolución podrá suscribirse por el jefe del equipo o unidad o por el funcionario que haya suscrito o vaya a suscribir las actas, cuando el inicio y la tramitación del procedimiento sancionador le corresponda al mismo equipo o unidad que haya desarrollado o esté desarrollando las actuaciones de comprobación e investigación. En otro caso, la firma corresponderá al jefe de equipo o unidad o al funcionario que determine el inspector jefe.

|| Órgano competente para la resolución

El apartado 5.d) del artículo 211 de la LGT establece que es competente para imponer sanciones, el órgano competente para liquidar o el órgano superior inmediato de la unidad administrativa que ha propuesto el inicio del procedimiento sancionador.

Tratándose de un procedimiento sancionador que se ha iniciado como consecuencia de un procedimiento de inspección, el apartado 8 del artículo 25 del RGRST señala que el órgano competente para dictar el acto resolutorio del procedimiento será el inspector jefe.

Procedimientos tramitados por órganos de la inspección no iniciados como consecuencia de un procedimiento de inspección

Los órganos competentes para la tramitación y resolución de los procedimientos sancionadores tramitados por órganos de la inspección no iniciados como consecuencia de un procedimiento de inspección se contienen en los artículos 22, 23, 24 del RGRST relativos a la tramitación separada, pero **también resultan aplicables a la tramitación conjunta**. Los órganos competentes serán los siguientes:

|| Órgano competente para la iniciación

Será órgano competente para iniciar el procedimiento sancionador el que se determine en la normativa de organización aplicable a los órganos con competencia sancionadora. En defecto de norma expresa, será órgano competente el que tenga atribuida la competencia para su resolución

|| Órgano competente para la instrucción

Para la instrucción del procedimiento sancionador va a ser competente el órgano que determine la normativa de organización aplicable. Las actuaciones necesarias para determinar la existencia de infracciones susceptibles de sanción se realizarán de oficio.

|| Órgano competente para la resolución

De acuerdo con el apartado el apartado 5 del artículo 211 de la LGT, serán competentes para imponer la sanción:

- El Consejo de ministros, si consisten en la suspensión del ejercicio de profesiones oficiales, empleo o cargo público.
- El ministro o ministra de Hacienda, el órgano equivalente de las comunidades autónomas, el órgano competente de las entidades locales u órganos en quienes deleguen, cuando consistan en la pérdida del derecho a aplicar beneficios o incentivos fiscales cuya concesión le corresponda o que sean de directa aplicación por los obligados tributarios, o de la posibilidad de obtener subvenciones o ayudas públicas o en la prohibición para contratar con la Administración pública correspondiente.

- El órgano competente para el reconocimiento del beneficio o incentivo fiscal, cuando consistan en la pérdida del derecho a aplicar el mismo, salvo lo dispuesto en el párrafo anterior.

- El órgano competente para liquidar o el órgano superior inmediato de la unidad administrativa que ha propuesto el inicio del procedimiento sancionador.

2.3. Iniciación del procedimiento sancionador en materia tributaria

¿Cómo se inicia un procedimiento en materia tributaria?

En primer lugar, cabe apuntar que el procedimiento sancionador en materia tributaria, como regla general, **se tramita de forma separada del procedimiento de aplicación de los tributos**. No obstante, las cuestiones relativas a las infracciones se analizarán en el correspondiente procedimiento de aplicación de los tributos de acuerdo con su normativa reguladora, en los supuestos en que el interesado renuncie a la tramitación separada del procedimiento sancionador y en los supuestos de actas con acuerdo.

A TENER EN CUENTA. En las actas con acuerdo, la renuncia al procedimiento separado se hará constar expresamente en las mismas, y la propuesta de sanción debidamente motivada.

El procedimiento sancionador en materia tributaria **se iniciará siempre de oficio**, mediante la notificación del acuerdo del órgano competente. Conforme establece el **artículo 22 del RGRST** deberá contener necesariamente las siguientes menciones:

- Identificación de la persona o entidad presuntamente responsable.

- Conducta que motiva la incoación del procedimiento, su posible calificación y las sanciones que pudieran corresponder.

- Órgano competente para la resolución del procedimiento e identificación del instructor.

- Indicación del derecho a formular alegaciones y a la audiencia en el procedimiento, así como del momento y plazos para su ejercicio.

El **órgano competente para iniciar el procedimiento sancionador** es el que se determine en la normativa aplicable a los órganos con competencia sancionadora. En caso de haber una norma expresa, el órgano competente será el que tenga atribuida la competencia para su resolución. No obstante, en los procedimientos sancionadores iniciados por órganos de inspección serán de aplicación las siguientes reglas:

- Si se inicia como consecuencia de un procedimiento de inspección será competente para acordar la iniciación del procedimiento sancionador el equipo o unidad que hubiera desarrollado la actuación de comprobación e investigación, salvo que el inspector jefe designe otro diferente.

- Si se trata de actuaciones inspectoras distintas de las que integran el procedimiento de inspección, será competente para iniciar el procedimiento sancionador el equipo o unidad que haya desarrollado las actuaciones de las que trae su causa la infracción.

Señala el **apartado 2 del artículo 209 de la LGT** que: «*Los procedimientos sancionadores que se incoen como consecuencia de un procedimiento iniciado mediante declaración o de un procedimiento de verificación de datos, comprobación o inspección* **no podrán iniciarse** *respecto a la persona o entidad que hubiera sido objeto del procedimiento* **una vez transcurrido el plazo de seis meses desde que se hubiese notificado o se entendiese notificada la correspondiente liquidación o resolución*».

A TENER EN CUENTA. En cuanto a los procedimientos que se inicien para la imposición de sanciones del artículo 186 de la LGT, se deben de iniciar en el plazo de seis meses desde que se hubiese notificado o se entendiese notificada la sanción pecuniaria del citado precepto.

Es importante señalar que la aplicación del plazo establecido en el artículo 209.2 de la LGT solo resulta aplicable a los procedimientos sancionadores que traigan causa de un procedimiento previo iniciado mediante declaración o de un procedimiento de verificación de datos, comprobación o inspección, tal como ha señalado la **sentencia del Tribunal Supremo n.° 1114/2022, de 1 de septiembre, ECLI:ES:TS:2022:3303**, en la que se establece:

«Por ello, a la cuestión con interés casacional consistente en «Determinar si el plazo de tres meses previsto en el artículo 209.2 LGT para el inicio de un procedimiento sancionador, derivado de la comisión de una infracción tributaria, resulta de aplicación, únicamente, a los supuestos de incoación de procedimientos sancionadores que traigan causa de un procedimiento previo, iniciado mediante declaración o de un procedimiento de verificación de datos, comprobación o inspección; o, por el contrario, resulta también de aplicación en caso de incumplimiento de un deber formal de presentación en plazo de una declaración tributaria", respondemos que "el plazo de tres meses previsto en el artículo 209.2 LGT para el inicio de un procedimiento sancionador, derivado de la comisión de una infracción tributaria, no resulta de aplicación en caso de incumplimiento de un deber formal de presentación en plazo de una declaración tributaria, en particular no es aplicable en el caso de presentación extemporánea de la declaración informativa sobre bienes y derechos situados en el extranjero"».

Se van a iniciar tantos procedimientos sancionadores como propuestas de liquidación se hayan dictado, sin perjuicio de los que tengan que iniciarse en base a las conductas constitutivas de infracción que se pongan de manifiesto durante el procedimiento y no impliquen liquidación.

A TENER EN CUENTA. Se puede acumular la iniciación y la instrucción de los distintos procedimientos cuando exista identidad en los motivos o circunstancias que determinen la apreciación de varias infracciones, pero se debe de dictar una resolución individualizada para cada uno de ellos.

CUESTIONES

1. ¿Hacienda podrá abrir un expediente sancionador antes de que se confirme la comisión de la infracción tributaria?

Sí, así lo señala la sentencia del Tribunal Supremo n.º 1075/2020, de 23 de julio, ECLI:ES:TS:2020:2687, que determina y avala que la Administración Tributaria pueda abrir un procedimiento sancionador tributario antes de haberse dictado y notificado el acto administrativo de liquidación, determinante del hecho legalmente tipificado como infracción tributaria, en los casos en que se sancione el incumplimiento del deber de declarar e ingresar correctamente y en plazo la deuda tributaria u otras infracciones que causen perjuicio económico a la Hacienda Pública, teniendo en cuenta que la sanción se cuantifica en estos casos en función del importe de la cuota liquidada, como un procedimiento de esta.

Así, la cuestión principal se centra en determinar si el ordenamiento jurídico en general, y el artículo 209.2 de la LGT, en el caso de infracciones que causan un perjuicio económico a la Hacienda pública, autorizan a la Administración Tributaria para iniciar un procedimiento sancionador tributario antes de haberse dictado y notificado el acto administrativo de liquidación, determinante del hecho legalmente tipificado como infracción tributaria.

El Alto Tribunal establece que, «puede aceptarse, en definitiva, en las infracciones que causan perjuicio para la recaudación, la máxima de que sin liquidación no hay sanción, pero no la de que sin liquidación no puede haber inicio del procedimiento tributario sancionador».

En el fundamento jurídico séptimo de esta sentencia, la Sala de lo Contencioso-Administrativo fija el criterio a seguir:

«a) Que el artículo 209.2 LGT no establece -para ningún tipo de infracción tributaria- que el procedimiento sancionador solo pueda instruirse después de que se haya dictado la liquidación de la que trae causa.

b) Que la notificación de la liquidación no constituye, por tanto, el límite mínimo para iniciar el procedimiento sancionador.

c) Que en las infracciones que causan perjuicio para la recaudación, la liquidación constituye, ciertamente, presupuesto imprescindible para que tenga lugar la sanción tributaria(o, más precisamente, para que se dicte la resolución sancionadora), pero eso es algo distinto de que resulte legalmente necesario que tal liquidación se haya dictado y notificado antes del inicio del procedimiento tributario sancionador.

Lo dijimos con claridad en el último párrafo del número segundo del fundamento jurídico tercero de esta misma sentencia y conviene reiterarlo ahora (porque este es nuestro argumento esencial): puede aceptarse, en las infracciones que causan perjuicio para la recaudación, la máxima de que sin liquidación no hay sanción, pero no la de que sin liquidación no puede haber inicio del procedimiento tributario sancionador».

2. ¿Puede iniciarse un expediente sancionador en el caso de haberse firmado un acta en conformidad del procedimiento de inspección, antes de que se haya notificado o se entienda notificado por transcurso de un mes?

Según declara el Tribunal Supremo en su sentencia n.º 1161/2020, de 15 de septiembre, ECLI:ES:TS:2020:2890, tanto del artículo 22 del RGRST como del 25, se infiere que el inicio del procedimiento sancionador puede producirse cuando el expediente de gestión o de inspección se encuentra todavía en fase de instrucción y se están llevando a cabo actuaciones de comprobación o investigación, sin que, en ningún momento, esté previsto que sea precisa la previa notificación a la persona o entidad presuntamente responsable de la liquidación tributaria de la que el procedimiento sancionador trae causa para que este pueda iniciarse.

La citada sentencia cuenta con un voto particular que reza como sigue:

«La doctrina jurisprudencial que la mayoría considera pertinente es que "...[N] i el artículo 209.2 LGT , ni ninguna otra norma legal o reglamentaria, interpretada conforme a los criterios del artículo 12 LGT, establecen un plazo mínimo para iniciar el procedimiento sancionador, pudiendo inferirse del artículo 25 RGRST que dicho inicio puede producirse antes de que se le haya notificado a la persona o entidad acusada de cometer la infracción la liquidación tributaria de la que trae causa el procedimiento punitivo, lo que resulta perfectamente compatible con las garantías del artículo 24.2 CE , y, en particular, con los derechos a ser informados de la acusación y a la defensa".

Considero errónea dicha doctrina que, además, no interpreta el precepto central objeto de examen —el artículo 209.2 LGT—de forma acorde con las pautas que ofrece el artículo 12 LGT. De hecho, en mi opinión, lo que hace la sentencia es bendecir una práctica administrativa común o habitual, reconocida por el Abogado del Estado en el escrito de preparación, conforme a la cual la mayoría de los procedimientos sancionadores se incoan antes de producirse la liquidación, de donde infiere la Administración recurrente que de considerarse inaceptable esta práctica, como hizo la sentencia de instancia, se crearía una doctrina gravemente dañosa para el interés general».

En cuanto a las Especialidades en la tramitación separada de procedimientos sancionadores iniciados por órganos de inspección

De acuerdo con lo dispuesto en el **apartado tercero del artículo 22 del RGRST** y en el **apartado primero del artículo 25 del RGRST**, en los procedimientos sancionadores iniciados por órganos de inspección, será competente para acordar la iniciación del procedimiento sancionador el equipo o unidad que hubiera desarrollado la actuación de comprobación e investigación, salvo que el inspector-jefe designe otro diferente.

Cuando el inicio y la tramitación correspondan al mismo equipo o unidad que haya desarrollado o esté desarrollando las actuaciones de comprobación e investigación, el acuerdo de inicio podrá suscribirse por el jefe del equipo o unidad o por el funcionario que haya suscrito o vaya a suscribir las actas. En otro caso, la firma corresponderá al jefe de equipo o unidad o al funcionario que determine el inspector-jefe.

A TENER EN CUENTA. En todo caso, el inicio requerirá autorización previa del inspector-jefe, que podrá ser concedida en cualquier momento del procedimiento de comprobación e investigación, o una vez finalizado éste, pero antes del transcurso del plazo máximo de seis meses al que se refiere el artículo 209 de la LGT.

En el caso de que se trate de actuaciones inspectoras distintas a las que integran el procedimiento de inspección, el equipo o unidad que haya desarrollado las actuaciones de la infracción, será el competente para iniciar el procedimiento sancionador.

El apartado segundo del artículo 25 de la RGRST señala que «*se van a iniciar tantos procedimientos sancionadores como actas de inspección se hayan iniciado, sin perjuicio de los que hayan de iniciarse por las conductas constitutivas de infracción puestas de manifiesto durante el procedimiento inspector y que no impliquen liquidación. No obstante, cuando exista identidad en los motivos o circunstancias que determinan la apreciación de varias infracciones podrán acumularse la iniciación e instrucción de los distintos procedimientos, aunque deberá dictarse una resolución individualizada para cada uno de ellos*».

A TENER EN CUENTA. Deberán aparecer debidamente individualizadas las infracciones sancionadas en los procedimientos indicados en el párrafo anterior.

CUESTIÓN

¿Cómo se inicia el procedimiento sancionador en caso de que el obligado tributario renuncie a la tramitación separada?

Cuando el interesado haya manifestado que renuncia a la tramitación separada del procedimiento, conforme al artículo 26 del RGRST, su inicio deberá notificarse y a partir de ese momento, su tramitación se desarrollará de forma conjunta con el procedimiento de aplicación de los tributos (apartado 1 del artículo 27 del RGRST).

2.4. Instrucción del procedimiento sancionador en materia tributaria

¿Cómo se llevará a cabo la instrucción del procedimiento tributario sancionador?

La instrucción del procedimiento sancionador tributario se encuentra regulada principalmente en el artículo 210 de la LGT y en la normativa reglamentaria desarrollada en el Real Decreto 2063/2004, de 15 de octubre, por el que se aprueba el Reglamento general del régimen sancionador tributario (en adelante, RGRST).

De acuerdo con el artículo 23 del RGRST el órgano competente para instruir el procedimiento sancionador será el que se determine en la normativa de organización aplicable. Precisamente al respecto de los órganos encargados del procedimiento y del alcance de la independencia entre instrucción y resolución en el procedimiento sancionador en el ámbito tributario se ha pronunciado nuestra jurisprudencia en la **sentencia de la Audiencia Nacional n.º 189/2015, de 3 de noviembre, ECLI:ES:AN:2015:3959:**

> «En efecto, repárese que la separación entre el órgano de instrucción y el de decisión que opera en el orden penal —STC 145/1988—, no es trasladable de forma automática al ámbito del derecho administrativo sancionador —STC 22/1990 y 76/1990—. Así, en esta última sentencia, el Tribunal

Constitucional, ante la alegación de que la acumulación de funciones en la inspección puede comprometer su «necesaria neutralidad», razona que el órgano inspector estará siempre ante una misma organización administrativa estructura conforme a un principio de jerarquía, y esta circunstancia, a diferencia de lo que ocurre en los procedimientos judiciales, impide una absoluta independencia ad extra de los órganos administrativos tributarios, cualquiera que sea el criterio de distribución de funciones entre los mismos. Por la naturaleza misma de los procedimientos administrativos, en ningún caso puede exigirse una separación entre instrucción y resolución equivalente a la que respecto de los Jueces ha de darse en los procesos jurisdiccionales. El derecho al Juez ordinario predeterminado por la ley y a un proceso con todas las garantías —entre ellas, la independencia e imparcialidad del juzgador— es una garantía característica del proceso judicial que no se extiende al procedimiento administrativo, ya que la estricta imparcialidad e independencia de los órganos del poder judicial no es, por esencia, predicable con igual significado y en la misma medida de los órganos administrativos».

La competencia para acordar la iniciación de un procedimiento sancionador derivado de actuaciones de comprobación e investigación le corresponde al equipo o unidad que hubiera desarrollado dichas actuaciones. La instrucción del procedimiento podrá encomendarse por el inspector jefe a otro equipo o unidad distinto, en función de las necesidades del servicio o de las circunstancias del caso (**resolución del TEAC n.º 2998/20222, de 18 de marzo de 2024**).

El desarrollo de las actuaciones y procedimientos tributarios se desarrollarán de acuerdo con lo previsto con carácter general por las normas especiales sobre el desarrollo de las actuaciones y procedimientos tributarios desarrolladas previstas en el artículo 99 de la LGT.

El órgano instructor realizará de oficio cuantas actuaciones resulten necesarias para determinar, en su caso, la existencia de infracciones susceptibles de sanción, a estos efectos unirá al expediente sancionador las pruebas, declaraciones e informes necesarios para su resolución. Los datos, pruebas o circunstancias que procedan de alguno de los procedimientos de aplicación de los tributos regulados en esta LGT y vayan a ser tenidos en cuenta en el procedimiento sancionador deberán incorporarse formalmente al mismo antes de la propuesta de resolución.

En el curso del procedimiento sancionador se prevé también la posibilidad de adoptar medidas cautelares, resultado de aplicación lo dispuesto en el artículo 146 de la LGT relativo al procedimiento de inspección.

Los interesados podrán formular alegaciones y aportar los documentos, justificaciones y pruebas que estimen convenientes en cualquier momento anterior a la propuesta de resolución. Concluidas las actuaciones, se formulará propuesta de resolución:

- Se recogerán de forma motivada los hechos, su calificación jurídica y la infracción o declaración, en el caso de que no exista infracción o responsabilidad.

- Se concretará también la sanción propuesta con indicación de los criterios de graduación aplicados, con motivación adecuada de la procedencia de los mismos.

- Será notificada al interesado concediéndole un plazo de 15 días para que alegue cuanto considere conveniente y presente los documentos, justificantes y pruebas que estime oportunos:

  » Si no se formularan alegaciones, se elevará la propuesta de resolución al órgano competente para resolver.

  » Si se hubieran formulado alegaciones, el órgano instructor remitirá al órgano competente para imponer la sanción la propuesta de resolución que estime procedente a la vista de las alegaciones presentadas, junto con la documentación que obre en el expediente.

Debemos tener presente que tanto la omisión del trámite de alegaciones, así como el hecho de que el órgano no las tenga en cuenta determina la nulidad radical del acto sancionador, tal como ha establecido el Tribunal Supremo en la **sentencia n.º 465/2020, de 18 de mayo, ECLI:ES:TS:2020:109**, en la que establece:

> «Aunque en puridad en el caso que nos ocupa no hubo omisión del trámite, dado que el contribuyente hizo las alegaciones dentro del plazo al efecto, el no tener estas en cuenta, como se ha visto y así se reconoce, equivale materialmente a la propia omisión, pues se prescinde de las garantías básicas de contradicción y defensa, resolviendo de espalda al contribuyente, lo que determina sin más la nulidad radical del acto sancionador, y siendo este nulo de pleno derecho no cabe subsanación a posteriori dentro del mismo procedimiento de este trámite esencial una vez dictada la resolución sancionadora. Articulando la Ley instrumentos para llevar a efecto la revocación del acto».

En los supuestos de tramitación abreviada previstos en el artículo 210.5 de la LGT, la propuesta de resolución se incorporará al acuerdo de iniciación del procedimiento, y se advertirá expresamente al interesado que, de no formular alegaciones ni aportar nuevos documentos o elementos de prueba, podrá dictarse la resolución de acuerdo con dicha propuesta.

CUESTIÓN

¿Puede iniciarse un procedimiento sancionador antes de conocerse la cuantía concreta de la liquidación?

Para dar respuesta a esta cuestión vamos a referirnos a las sentencias del Tribunal Supremo n.º 1241/2020, de 1 de octubre, ECLI:ES:TS:2020:3103 y n.º 1075/2020, de 23 de julio, ECLI:ES:TS:2020:2687, que entienden que el artículo 210.5 de la LGT no regula el inicio del procedimiento sancionador ni ninguna singularidad respecto de tal inicio. Entiende el Alto Tribunal que lo trascendente es que no se vulneren los derechos del acusado a ser informado de la acusación y de defensa, y que no se imponga la sanción antes de haberse practicado la liquidación, «no existiendo traba alguna a que las dos se notifiquen al mismo tiempo».

Así, declara la sentencia: «Y el artículo 210.5 LGT, en primer lugar, respeta perfectamente el derecho a ser informado de la acusación, de manera, si cabe, más rigurosa, al exigir que en el acuerdo de iniciación del procedimiento sancionador abreviado se incorpore una (mera) propuesta de sanción. En segundo lugar, observa igualmente el derecho de defensa al otorgar al interesado un plazo de 15 días para que alegue cuanto considere conveniente y presente los documentos, justificantes y pruebas que estime oportunos. Y, en tercer lugar, dicho precepto no establece la imposición directa de la sanción sin haber procedido antes a aprobar la liquidación, sino únicamente la instrucción de un procedimiento punitivo, que puede acabar o no con una sanción».

Por su parte la STS n.º 1075/2020, de 23 de julio, ECLI:ES:TS:2019:2595, establece el siguiente criterio:

«a) Que el artículo 209.2 LGT no establece -para ningún tipo de infracción tributaria- que el procedimiento sancionador solo pueda instruirse después de que se haya dictado la liquidación de la que trae causa.

b) Que la notificación de la liquidación no constituye, por tanto, el límite mínimo para iniciar el procedimiento sancionador.

c) Que en las infracciones que causan perjuicio para la recaudación, la liquidación constituye, ciertamente, presupuesto imprescindible para que tenga lugar la sanción tributaria(o, más precisamente, para que se dicte la resolución sancionadora), pero eso es algo distinto de que resulte legalmente necesario que tal liquidación se haya dictado y notificado antes del inicio del procedimiento tributario sancionador.

Lo dijimos con claridad en el último párrafo del número segundo del fundamento jurídico tercero de esta misma sentencia y conviene reiterarlo ahora (porque este es nuestro argumento esencial): puede aceptarse, en las infracciones que causan perjuicio para la recaudación, la máxima de que sin liquidación no hay sanción, pero no la de que sin liquidación no puede haber inicio del procedimiento tributario sancionador».

RESOLUCIÓN RELEVANTE

Sentencia de la Audiencia Nacional, rec. 95/2011, de 28 de noviembre de 2013, ECLI:ES:AN:2013:5004

Asunto: Exigencia de motivación específica de la culpabilidad.

«La reciente sentencia de esta Sala de 3 de Junio de 2008 , recurso de casación para unificación de doctrina núm. 146/04 , recuerda la doctrina del Tribunal Constitucional que señala que el principio de presunción de inocencia garantiza el derecho a no sufrir sanción que no tenga fundamento en una previa actividad probatoria sobre la cual el órgano competente pueda fundamentar un juicio razonable de culpabilidad, y comporta, entre otras exigencias, la de que la Administración pruebe y, por ende, motive, no sólo los hechos constitutivos de la infracción, la participación en tales hechos y las circunstancias que constituyen un criterio de graduación, sino también la culpabilidad que justifique la imposición de sanción (entre otras, SSTC 76/1990, de 26 de Abril ; 14/1997, de 28 de Enero ; 209/1999, de 29 de Noviembre y 33/2000, de 14 de Febrero); ausencia de motivación específica de la culpabilidad que, en el concreto ámbito tributario, determinó que en la STC 164/2005, de 20 de junio , se llegara a la conclusión de que la imposición de una sanción por la comisión de una infracción tributaria grave tipificada en el art. 79 a) de la Ley General Tributaria , sin motivación de la culpabilidad vulneraba el derecho de los recurrentes a la presunción de inocencia.

Por otra parte, la resolución administrativa alude a que por el representante de la entidad no se aducen argumentos de ninguna clase en las que apoyar eventuales dificultades en la interpretación de las normas aplicables ni se aporta prueba de que las irregularidades observadas sean debidas a ningún error material, por lo que no cabe apreciar ninguna de las causas de exclusión de responsabilidad recogidos en el art. 77.4 de la Ley General Tributaria .

Esta argumentación equivale a invertir la carga de la prueba, cuando no es el interesado quien ha de probar la falta de culpabilidad, sino que ha de ser la Administración la que demuestre la ausencia de diligencia, como señalábamos en la sentencia de 10 de Julio de 2007 (rec. para unificación de doctrina 306/2002), por lo que sólo cuando la Administración ha razonado, en términos precisos y suficientes, en qué extremos basa la existencia de culpabilidad, es cuando procede exigir al interesado que pruebe la existencia de una causa excluyente de la responsabilidad.'».

RESOLUCIÓN ADMINISTRATIVA

Resolución vinculante del Tribunal Económico Administrativo Central n.º 648/2014, de 8 de marzo de 2018

Asunto: Resulta imprescindible que los acuerdos sancionadores se incorporen al expediente administrativo.

«Supuesto: El acuerdo sancionador incrementa la cuantificación de la sanción que se hizo en la propuesta de sanción, por apreciar la concurrencia de comisión repetida de infracción, sin dar un nuevo trámite de audiencia al interesado tras dicho aumento. Las sanciones previas en las que se basa la graduación no figuran incorporadas al expediente administrativo.

No es preceptivo notificar la nueva propuesta y dar nuevo trámite de alegaciones cuando el incremento de la cuantía se debe a la graduación por comisión repetida, al no estar este supuesto entre los enumerados en el artículo 24.2 del Reglamento sancionador (Real Decreto 2063/2004, de 15 de octubre).

Pero sí es imprescindible que los acuerdos sancionadores sean incorporados al expediente administrativo, en cumplimiento del artículo 210.2 de la Ley 58/2003, General Tributaria, al constituir la base fáctica del coeficiente de graduación aplicado».

2.5. Plazo máximo de duración del procedimiento sancionador

¿Cuál será el plazo máximo de duración del procedimiento sancionador en materia tributaria?

De acuerdo con el artículo 211 de la LGT, el procedimiento sancionador en materia tributaria deberá concluir en el plazo máximo de **6 meses** contados desde la notificación de la comunicación de inicio del procedimiento hasta la fecha en que se notifique el acto administrativo de resolución del mismo.

Si se produce el vencimiento del plazo de los seis meses sin que se haya notificado resolución expresa, conllevara a la caducidad del procedimiento.

En este sentido, cabe extraer la **sentencia de la Audiencia Nacional, rec. 67/2024, de 12 de noviembre de 2025, ECLI:ES:AN:2025:4935**, que sintetiza lo siguiente:

«El artículo 211.2 de la LGT fija con claridad los dos momentos de inicio y fin del plazo de caducidad («plazo máximo»): Comienza «desde la notificación de la comunicación de inicio del procedimiento» y concluye "en la fecha en que se notifique el acto administrativo de resolución del mismo"».

Hay que destacar que **las actuaciones previas al inicio del procedimiento no se tendrán en cuenta a la hora del cómputo del plazo**, y así lo podemos leer, por ejemplo, en la **sentencia de la Audiencia Nacional, rec. 1826/2021, de 21 de marzo de 2024**, que valora también que el periodo anterior al acuerdo de iniciación debe ser breve:

> «La jurisprudencia al respecto es categórica, en el sentido de que las actuaciones previas al inicio del procedimiento no computan a efectos del plazo máximo del que dispone la Administración para resolver, en tal sentido se pronuncia las sentencias del Tribunal Supremo de 6 de mayo de 2015, rec. cas. 3438/2012 ó la de 13 de mayo de 2019, rec. cas. 2415/2016, que recogen la doctrina general, aunque introducen una matización importante, "... esta Sala tiene declarado que ese periodo anterior al acuerdo de iniciación ... ha de ser forzosamente breve y no encubrir una forma artificiosa de realizar actos de instrucción y enmascarar y reducir la duración del propio expediente posterior"».

La obligación de notificar y de computar el plazo de resolución se rige por lo establecido en el apartado 2 del artículo 104 de la LGT:

- **Para que se entienda cumplida la obligación de notificar dentro del plazo máximo** de duración de los procedimientos, bastará con acreditar que se ha realizado un intento de notificación que contenga el texto íntegro de la resolución.

- **Para los sujetos obligados o acogidos voluntariamente a recibir notificaciones practicadas a través de medios electrónicos**, se entiende cumplida la obligación de notificar dentro del plazo con la puesta a disposición de la notificación en la sede electrónica de la Administración tributaria o en la dirección electrónica habilitada. Con relación a este punto, el **Tribunal Económico Administrativo Central se ha pronunciado en su resolución 738/2013, de 12 de enero de 2017**, en la que concluye que: «*A efectos del cumplimiento de plazos, la existencia de un intento de notificación se acredita con haber sido puesto a su disposición el contenido del acto en la dirección electrónica habilitada al efecto, sin que pueda hacerse depender el cumplimiento de un plazo por parte de la Administración de la voluntad del interesado de acceder, o no, al contenido de dicho acto. Si bien es cierto que la reciente modificación de la Ley General Tributaria por la Ley 34/2015 ha incluido expresamente esta previsión en el artículo 104.2, es razonable entender que dicha previsión se hallaba ya en el espíritu de la norma por lo que, tal equiparación de la puesta a disposición con el intento a que el precepto se refiere, se trata de una adecuación técnica de la redacción (...)*».

- **No se incluyen en este cómputo**: los períodos de interrupción justificada que se especifiquen reglamentariamente, las dilaciones en el procedimiento por causa no imputable a la Administración tributaria, y los períodos de suspensión del plazo que se produzcan conforme a lo previsto en la LGT.

Por su parte, la Ley 34/2015, de 21 de septiembre, de modificación parcial de la Ley 58/2003, de 17 de diciembre, General Tributaria, añadió al artículo 211 de la LGT que cuando habiéndose iniciado el procedimiento sancionador concurra en el procedimiento inspector del que trae causa, alguna de las circunstancias del apartado 5 del artículo 150 de la LGT, el plazo de conclusión del procedimiento sancionador se va a extender al periodo previsto del citado artículo. Asimismo, dicha ley también incorpora, a través de la modificación del artículo 135 de la LGT, la suspensión del plazo para iniciar o terminar el procedimiento sancionador cuando se solicite tasación pericial contradictoria, dado que la regulación anterior podría derivar en la imposibilidad de imponer una sanción cuando contra la liquidación se promoviera dicha tasación.

CUESTIÓN

¿Cuáles son las circunstancias del artículo 150.5 de la LGT que extienden el plazo para finalizar el procedimiento sancionador?

El apartado quinto del artículo 150 de la LGT se refiere a las siguientes situaciones:

– Cuando el obligado tributario manifieste que no tiene o no va a aportar la información o documentación solicitada o no la aporta íntegramente en el plazo concedido en el tercer requerimiento, su aportación posterior determinará la extensión del plazo máximo de duración del procedimiento inspector por un período de tres meses, siempre que dicha aportación se produzca una vez transcurrido al menos nueve meses desde su inicio. Esta extensión se verá aumentada a 6 meses en los casos en los que la aportación se realice tras la formalización del acta y determine que el órgano competente para liquidar acuerde la práctica de actuaciones complementarias.

– Cuando tras dejar constancia de la apreciación de las circunstancias determinantes de la aplicación del método de estimación indirecta, se aporten datos, documentos o pruebas relacionados con dichas circunstancias. En estos casos el plazo máximo se extenderá por un periodo de 6 meses.

La caducidad del procedimiento sancionador en materia tributaria por falta de resolución expresa en plazo legal no sólo conlleva la perención del procedimiento, también **impide la iniciación de un nuevo expediente sancionador por el mismo objeto**, lo que determinará la extinción de la potestad sancionadora por este hecho. Aquí la LGT llega a una solución diversa de la general establecida en el artículo 95 de la Ley 39/2015, de 1 de octubre, del Procedimiento Administrativo Común de las Administraciones Publicas. El TEAC se ha pronunciado en su **resolución n.° 738/2013, de 12 de enero de 2017**, y con relación a la caducidad señala que «(...) *la Ley también es clara y contundente, al prohibir expresamente, en el apartado 4 del artículo 211, la iniciación de un nuevo procedimiento sancionador*».

En orden a delimitar los límites temporales del ejercicio de la potestad sancionadora el Tribunal Supremo se ha pronunciado profusamente; a continuación algunas de las sentencias más interesantes en este sentido:

- La **STS, rec. 18/2002, de 12 de junio de 2003, ECLI:ES:TS:2003:4084,** estableció, en modo contrario a lo previsto en el mencionado artículo 211 de la LGT (interpretando el citado artículo 95) la doctrina legal (en recurso en interés de ley) de la posibilidad de iniciar un nuevo expediente sancionador con el mismo objeto una vez caducado el anterior mientras no hubiera prescrito el derecho de la Administración.

- Por su parte la **STS, rec. 97/2002, de 15 de diciembre de 2004, ECLI:ES:TS:2004:8106**, estableció como **doctrina legal** que «*el límite para el ejercicio de la potestad sancionadora concluye con resolución sancionadora, sin extenderse a la vía de recurso*».

CUESTIONES

1. Si no coinciden la fecha real de notificación con la fecha que figura en la resolución sancionadora, ¿cuál de las dos fechas se tiene en cuenta para considerar notificado el inicio del expediente a efectos de valorar una posible caducidad?

Tal y como recoge la sentencia de la Audiencia Nacional, rec. 739/2020, de 13 de noviembre de 2025, ECLI:ES:AN:2025:4903: «*Frente al dato objetivo de la fecha de la notificación efectiva, no puesto en cuestión por el actor, no puede prevalecer la incorrecta alusión a la fecha de notificación que se efectúa en la resolución sancionadora*».

2. ¿A la ejecución de una resolución se le aplica el plazo de 6 meses del artículo 221.2 de la LGT?

No, si bien la Resolución del Tribunal Económico Administrativo Central n.º 813/2013/50, de 15 de julio de 2019 señalaba que: «*A la ejecución de una resolución, dictada por un órgano revisor de los actos de naturaleza tributaria, que obliga a imponer una nueva sanción, ya sea por los órganos de gestión o de inspección de los tributos, sí le es de aplicación, a falta de regulación específica, el plazo de 6 meses establecido en el artículo 211.2 LGT. Dicho plazo, además, se cuenta a partir de la fecha en que la resolución a ejecutar tiene entrada en el registro del órgano competente para su ejecución*», lo cierto, es que este criterio ha sido superado, y así se constata en la resolución del TEAC n.º 3455/2021, de 22 de septiembre de 2021: «*El plazo para ejecutar las resoluciones de los tribunales económico administrativas, de conformidad con lo previsto en el artículo 66.2 del Reglamento general en materia de revisión en vía administrativa, es un mes; la consecuencia jurídica derivada del incumplimiento de dicho plazo, al tratarse de una irregularidad no invalidante sin efectos prescriptivos, es la no exigencia de intereses de demora desde que la Administración incumpla el referido plazo. Cambio de criterio respecto al seguido, entre otras, en la Resolución de 24-09-2020 (RG: 6710/2019). Asume el criterio de la Sentencia del Tribunal Supremo de 5-5-2021, rec. Cas. 470-2020; en igual sentido, la Sentencia del Tribunal Supremo de 21-09-2020, rec. cas.5684-2017. Nota. Como consecuencia del cambio de criterio, ha sido eliminado de la base criterio de RG 00/00813/2013 (15-07-2019), conservándose el del RG 00/06710/2019 para su contraste con este criterio*».

3. ¿Puede la caducidad del procedimiento sancionador dar lugar a una nulidad de pleno derecho por considerar que se ha prescindido total y absolutamente del procedimiento establecido?

No, y así lo ha dicho la Audiencia Nacional en su sentencia, rec. 67/2024, de 12 de noviembre de 2025, ECLI:ES:AN:2025:4935, en la que se afirma que: «*no puede considerarse que nos encontremos ante supuesto alguno de nulidad de pleno derecho de los contemplados en el precepto antes transcrito, ya que se trata de un supuesto -el relativo a la caducidad del procedimiento del que derivaría la prescripción de las deudas tributarias- que concurriera o no nunca puede entenderse que por mor de ello se hubiera prescindido total y absolutamente del procedimiento legalmente establecido».*

JURISPRUDENCIA

Sentencia del Tribunal Supremo n.º 1032/2019, de 10 de julio de 2019, ECLI:ES:TS:2019:2595

Asunto: nulidad interrupción justificada en el procedimiento sancionador derivado del procedimiento inspector que se hubiera iniciado.

«En este punto nos interesa detenernos en las formas de terminación del procedimiento sancionador. Según lo dispuesto en el art. 211 de la LGT, el procedimiento sancionador podrá terminar bien por resolución, bien por caducidad. El procedimiento deberá concluir en el plazo máximo de seis meses, contados desde la notificación del inicio del procedimiento, y no desde el día en que se dicta el acuerdo de iniciación ni desde el día en que el Inspector-Jefe hubiera ordenado la iniciación de un expediente sancionador. La notificación por la que se comunica al interesado la resolución del procedimiento sancionador deberá practicarse durante el transcurso de dicho plazo.

El vencimiento de este plazo sin que se haya notificado resolución expresa producirá la caducidad del procedimiento, que podrá dictarse de oficio o a instancia del interesado. La declaración de caducidad implicará ordenar el archivo de las actuaciones e impedirá la iniciación de un nuevo procedimiento sancionador, tal y como prevé expresamente el último inciso del apartado cuarto del art. 211 de la LGT. Esta regulación constituyó una importante novedad, ya que, de acuerdo con lo dispuesto en el art. 36 del derogado RD 1930/1998, el procedimiento sancionador había de finalizar en el plazo de seis meses desde la notificación de su iniciación, pero, una vez transcurrido dicho plazo era posible iniciar su cómputo de nuevo siempre que la infracción no hubiese prescrito.

Más relevante aún es destacar la incoherencia de la referencia a la figura de la interrupción justificada en el sistema actual de la LGT. Este concepto de interrupción justificada, que podía tener sentido en la estructura originaria del procedimiento inspector de la LGT, sujeto a caducidad como forma de terminación, carece de toda coherencia hoy día, con la supresión del efecto extintivo de la superación del plazo máximo de resolución del procedimiento inspector por virtud de la reforma operada en la LGT por la ley 34/2015, de 21 de septiembre, de modificación parcial de la Ley 58/2003, de 17 de diciembre, General Tributaria.

Por tanto, no resulta lógico que careciendo de relevancia la pretendida interrupción justificada en el procedimiento inspector, sin embargo se traslade esta figura al procedimiento sancionador que, con mayor razón, y por efecto del papel esencial que juega en el mismo la caducidad, no es susceptible de interrupción.

En definitiva, ni existe habilitación legal, ni se puede considerar que esté justificada una interrupción por razón de un procedimiento distinto como es el inspector, que por mandato legal está separado del sancionador, y que, además, no requiere ni exige la iniciación del sancionador antes de dictar el acuerdo de liquidación, ya que se permite el inicio del procedimiento sancionador hasta un máximo de tres meses después de dicho acuerdo de liquidación. La concurrencia en el procedimiento inspector de una orden del Inspector jefe para completar actuaciones, carece de toda relevancia en el curso temporal del procedimiento inspector, y pretender otorgarle transcendencia en el procedimiento sancionador, como una situación de interrupción justificada, es contrario a la regla general que resulta de la regulación del procedimiento sancionador, que es la inexistencia de causas de interrupción. Así, hay que recordar que el art. 150.6 LGT dispone que "El incumplimiento del plazo

> de duración del procedimiento al que se refiere el apartado 1 de este artículo no determinará la caducidad del procedimiento, que continuará hasta su terminación, pero producirá los siguientes efectos respecto a las obligaciones tributarias pendientes de liquidar", efectos que se limitan a la no interrupción de la prescripción, pago espontáneo, no devengo de intereses de demora desde el incumplimiento del plazo hasta la finalización del procedimiento, entre otros.
>
> (...)
>
> En conclusión, ni existe habilitación legal para el reglamento en este campo, ya que la interpretación del art. 211 no permite atribuir esta finalidad a la remisión que hace al art. 104.2 LGT, ni, por otra parte, resulta congruente la previsión reglamentaria impugnada a tenor de las características del procedimiento sancionador, tal y como está configurado, ya que supondría supeditar el procedimiento sancionador al curso de un procedimiento inspector cuando la voluntad del legislador, y esto es indiscutible, fue la de hacer por completo independiente el sancionador respecto a otros procedimientos tributarios como el de inspección.
>
> Por consiguiente, procede estimar el recurso en este punto y declarar la nulidad del apartado nueve del artículo único del Real Decreto 1072/2017 que introduce la nueva redacción del apartado 4 del artículo 25 del Reglamento general del régimen sancionador tributario, aprobado por el Real Decreto 2063/2004, de 15 de octubre».

|| Plazo de duración en caso de tramitación conjunta

| Plazo de duración en caso de tramitación conjunta en supuestos distintos a las actas con acuerdo.

En este caso, la tramitación del procedimiento sancionador se desarrollará de forma conjunta con el procedimiento de aplicación de los tributos, y será de aplicación para ambos procedimientos la regulación establecida en la LGT y en su normativa de desarrollo para el correspondiente procedimiento de aplicación de los tributos, incluyendo lo relativo a los plazos y a los efectos de su incumplimiento:

- **Plazos**: por tanto, los plazos del procedimiento sancionador se regirán por las reglas del procedimiento de aplicación de los tributos del que derive. Así, la duración del procedimiento sancionador y su cómputo en caso de tramitación conjunta distinta de las actas con acuerdo **se asocia a la del procedimiento de aplicación de los tributos del que traiga su causa**. Además, a los efectos de entender cumplida la obligación de notificar dentro del plazo máximo de duración de los procedimientos, el artículo 27 del RGRST señala que no se tendrá en cuenta en el cómputo del plazo del procedimiento de aplicación de los tributos, el tiempo transcurrido desde la fecha del primer intento de notificación del inicio del procedimiento sancionador debidamente acreditado hasta la fecha en que dicha notificación se entienda producida.

- **Efectos del incumplimiento de los plazos**: se regirán por las reglas del procedimiento de aplicación de los tributos del que derive, por tanto:

  - » **Caso de procedimientos de inspección**: la finalización del plazo de 18 o 27 meses, no implica la caducidad del procedimiento de inspección, por lo que tampoco supondrá la del procedimiento sancionador, debiendo ambos continuar hasta su finalización, aunque sólo respecto de los conceptos y períodos que no hayan prescrito en el momento de comunicar la continuación de las actuaciones de inspección y sanción, tras haber rebasado esos plazos. Igualmente ocurrirá cuando se supere el plazo de seis meses sin realizar actuaciones con conocimiento del interesado.

» **Caso de otros procedimientos de aplicación de los tributos**: el incumplimiento del plazo determinará la caducidad de dicho procedimiento.

Por tanto, puede concluirse que el procedimiento sancionador queda sometido a los mismos plazos y régimen de cómputo que el procedimiento de aplicación de los tributos del que trae causa. Es decir, no tiene un plazo autónomo propio, sino que se rige por la regulación de plazos (y efectos de su incumplimiento) prevista en la Ley General Tributaria y en su normativa de desarrollo para ese concreto procedimiento de gestión, comprobación limitada o inspección. Además, se añade una precisión: no se computa, a efectos del plazo del procedimiento de aplicación de los tributos (y, por tanto, del conjunto), el tiempo que media entre el primer intento de notificación del inicio del procedimiento sancionador y el momento en que dicha notificación se entiende producida.

Plazo de duración en caso de tramitación conjunta de actas con acuerdo

Tal y como establece el artículo 208.2 de la LGT, «*en los supuestos de actas con acuerdo y en aquellos otros en que el obligado tributario haya renunciado a la tramitación separada del procedimiento sancionador, las cuestiones relativas a las infracciones se analizarán en el correspondiente procedimiento de aplicación de los tributos de acuerdo con la normativa reguladora del mismo, conforme se establezca reglamentariamente*».

En lo relativa a las infracciones, indica el artículo 28.2 del RGRST que se analizarán teniendo en cuenta los elementos y pruebas obtenidos en el correspondiente procedimiento de inspección conforme a su normativa, incluida la relativo a los plazos y los efectos que produce su incumplimiento.

La duración del procedimiento sancionador en caso de actas con acuerdo será muy breve, ya que se entenderá iniciado, generalmente, con la suscripción del acta con acuerdo en la que se incluye la propuesta de sanción, y se entenderá finalizado con la notificación de la sanción, que se producirá normalmente por el transcurso de diez días contados desde el siguiente a la fecha del acta (artículo 155.5 de la LGT), salvo que, en ese plazo (que no puede ser objeto de interrupción, ni dilación), se notifique al interesado acuerdo del órgano competente para liquidar y sancionar, rectificando los errores materiales que pudiera contener el acta con acuerdo.

No obstante, excepcionalmente podría haberse iniciado con anterioridad a dicha acta, en los casos en que, de acuerdo con el artículo 26 del RGRST, hubiera existido una renuncia a la tramitación separada en los primeros meses del procedimiento de aplicación de los tributos, y finalmente ese procedimiento hubiera derivado en la formalización de un acta con acuerdo.

2.6. Terminación del procedimiento sancionador en materia tributaria

¿Cómo terminará el procedimiento sancionador en materia tributaria?

La terminación del procedimiento sancionador en materia tributaria está regulada en la Ley 58/2003, de 17 de diciembre, General Tributaria y en el Real Decreto 2063/2004, de 15 de octubre, por el que se aprueba el Reglamento general del régimen sancionador tributario.

El procedimiento sancionador en materia tributaria debe finalizar en el plazo de **6 meses** desde la notificación del inicio del procedimiento (artículo 211 de la LGT). El plazo de conclusión se entiende en la fecha que se notifica el acto administrativo de la resolución del procedimiento. Las reglas aplicables para entender cumplida la notificación y plazo son las contenidas en el artículo 104 de la LGT, apartado 2.

> **A TENER EN CUENTA**. Se entiende cumplida la obligación de notificar dentro del plazo máximo de los procedimientos, cuando se pueda acreditar que se ha realizado un intento de notificación que contenga el texto íntegro de la resolución.

El órgano competente dictará **resolución motivada** a la vista de la propuesta formulada en la instrucción del procedimiento y de los documentos, pruebas y alegaciones que obren en el expediente. Todo ello sin perjuicio de que previamente pueda ordenar que se amplíen las actuaciones practicadas; en este caso, concluidas éstas, deberá formularse una nueva propuesta de resolución. La nueva propuesta de resolución seguirá lo acordado en el artículo 23.5 del RGRST para las propuestas de resolución.

> **A TENER EN CUENTA**. No se tendrán en cuenta en la resolución los hechos distintos a los que obren en el expediente, determinados en el curso del procedimiento o aportados a éste por haber sido acreditados previamente.

Sobre la necesaria motivación que debe tener la resolución se han pronunciado nuestros tribunales, pudiendo citar la **sentencia de la Audiencia Nacional, rec. 968/2020, de 4 de julio de 2024, ECLI:ES:AN:2024:3941**: «*La motivación exige exteriorizar las razones por las que se aprecia la concurrencia de los elementos objetivos y subjetivos de la infracción administración. La motivación, en lo que se refiere al elemento subjetivo, " parte de los hechos concurrentes, su análisis y las circunstancias en las que se produjeron, a fin de determinar si los mismos responde a un comportamiento intencional en la vulneración de las normas tributarias o bien, a la inobservancia del estándar de diligencia exigible, o bien a una situación en la que pueda concluirse que el sujeto pasivo infringió las normas tributarias involuntariamente, bien por concurrir un error, bien por imposibilidad física o legal, o cualquier otra* *circunstancia que excluya el elemento subjetivo" (STS num 2047/2017 de 20 de diciembre, recurso núm 65/2017)».*

En el caso de que el órgano competente para imponer la sanción rectifique la propuesta de resolución por concurrir alguna de las circunstancias que se enumeran en el apartado segundo del artículo 24 del RGRST, la rectificación se notificará al interesado, que podrá formular las alegaciones que estime pertinentes en el **plazo de 10 días contados desde el siguiente a la notificación**. Estas circunstancias son:

- Cuando se consideren sancionables conductas que en el procedimiento sancionador se hubiesen considerado como no sancionables.
- Cuando se modifique la tipificación de la conducta sancionable.
- Cuando se cambie la calificación de una infracción de leve a grave o muy grave, o de grave a muy grave.

Cuando en un procedimiento sancionador iniciado como consecuencia de un procedimiento de inspección el interesado preste su conformidad a la propuesta de resolución, se va a entender dictada y notificada la resolución por el órgano competente para imponer la sanción, de acuerdo con dicha propuesta, por el transcurso de un mes desde la fecha en que se manifestó la conformidad, sin necesidad de una nueva notificación expresa, salvo que en este plazo el órgano competente notifique al interesado acuerdo con alguno de los contenidos en el artículo 156.3 de la LGT.

RESOLUCIÓN RELEVANTE

Sentencia de la Audiencia Nacional, rec. 284/2019, de 25 de enero de 2022

Asunto: La importancia de la motivación y de justificar la culpabilidad en las resoluciones sancionadoras.

«Resulta plenamente asentado en la doctrina y la jurisprudencia que la falta de motivación de las resoluciones sancionadoras vulnera varios preceptos legales; claramente, por lo que al estricto ámbito tributario se refiere, los arts. 103.3, 210.4 y 211.3 de la LGT , y art. 24.1 del Real Decreto 2063/2004, de 15 de octubre, por el que se aprueba el Reglamento general del régimen sancionador tributario.

Pero, en la medida en que se trata de una resolución sancionadora es evidente que la falta de motivación lesiona igualmente las garantías constitucionales.

En este sentido, se refiere a la motivación de los acuerdos sancionadores en la sentencia del Tribunal Supremo de 5 de diciembre de 2017 (ROJ: STS 4499/2017) en la que se afirma:

'Este Tribunal ha establecido una doctrina legal sobre la cuestión que nos ocupa, que a la vista de la formulación del motivo de casación se antoja necesario recordar.

El órgano competente para sancionar, el que tiene atribuida la potestad sancionadora, es al que le viene impuesta la justificación y motivación sobre la concurrencia de culpabilidad, lo que no puede ser suplido ni por el órgano económico administrativo, ni por el judicial.

No puede considerar probada la existencia de culpabilidad por el mero hecho de no haber existido una interpretación razonable de la norma, y no es suficiente para fundamentar la sanción, porque el principio de presunción de inocencia garantizado en el artículo 24.2CE no permite que la Administración tributaria razone la existencia

---

de culpabilidad por exclusión o, dicho de manera más precisa, mediante la afirmación de que la actuación del obligado tributario es culpable porque no se aprecia la existencia de una discrepancia interpretativa razonable o la concurrencia de cualquiera de las otras causas excluyentes de la responsabilidad de las recogidas en el art. 179.2 Ley 58/2003, entre otras razones, porque dicho precepto no agota todas las hipótesis posibles de ausencia de culpabilidad por lo que la circunstancia de que la norma incumplida sea clara o que la interpretación mantenida de la misma no se entienda razonable no permite imponer automáticamente una sanción tributaria porque es posible que, no obstante, el contribuyente haya actuado diligentemente.

Tampoco cabe basar la culpabilidad en que el obligado tributario no ha explicitado en qué interpretación alternativa y razonable ha fundado su comportamiento, equivale, simple y llanamente, a invertir la carga de la prueba, soslayando, de este modo, las exigencias del principio de presunción de inocencia.

Sobre las circunstancias personales de infractor se ha dicho que no es factible, en ningún caso, presumir una conducta dolosa por el mero hecho de las especiales circunstancias que rodean al sujeto pasivo de la imposición, sino que, en cada supuesto y con independencia de dichas circunstancias subjetivas, hay que ponderar si la discrepancia entre el sujeto pasivo y la Hacienda Pública se debe o no a la diversa, razonable y, en cierto modo, justificada interpretación que uno y otra mantienen sobre las normas aplicables; lo que no cabe de ningún modo es concluir que la actuación del obligado tributario ha sido dolosa o culposa atendiendo exclusivamente a sus circunstancias personales; o dicho de manera más precisa, lo que no puede hacer el poder público, sin vulnerar el principio de culpabilidad que deriva del artículo 25 CE es imponer una sanción a un obligado tributario (o confirmarla en fase administrativa o judicial de recurso) por sus circunstancias subjetivas - aunque se trate de una persona jurídica, tenga grandes medios económicos, reciba o pueda recibir el más competente de los asesoramientos y se dedique habitual o exclusivamente a la actividad gravada por la norma incumplida- si la interpretación que ha mantenido de la disposición controvertida, aunque errónea, puede entenderse como razonable».

|| Formas de terminación del procedimiento sancionador tributario

En el caso de procedimientos sancionadores iniciados como consecuencia de un procedimiento de inspección, el interesado habrá manifestado en el trámite de alegaciones su conformidad o disconformidad con la propuesta de resolución formulada, en función de si se produce un escenario u otro hablamos de resolución tácita o expresa respectivamente.

| Terminación mediante resolución expresa

De acuerdo con el **artículo 103 de la LGT** la Administración tributaria está obligada a resolver expresamente todas las cuestiones que se planteen en los procedimientos de aplicación de los tributos, así como a notificar dicha resolución expresa.

¿Hay alguna excepción a lo anterior? Sí, no existirá obligación de resolver expresamente en:

- Procedimientos relativos al ejercicio de derechos que solo deban ser objeto de comunicación por el obligado tributario.
- En los procedimientos que se produzca caducidad.

- Pérdida sobrevenida del objeto del procedimiento.
- Renuncia o desistimiento de los interesados.

Sin embargo, en estos casos, cuando el interesado solicite expresamente que la Administración tributaria declare que se ha producido alguna de las citadas circunstancias, esta quedará obligada a contestar a su petición.

> **A TENER EN CUENTA**. Los actos de liquidación, los de comprobación de valor, los que impongan una obligación, los que denieguen un beneficio fiscal o la suspensión de la ejecución de actos de aplicación de los tributos, así como cuantos otros se dispongan en la normativa vigente, serán motivados con referencia sucinta a los hechos y fundamentos de derecho.

La resolución, que será motivada, recordemos, no podrá tener en cuenta hechos distintos de los que obren en el expediente, determinados en el curso del procedimiento o aportados al mismo por haber sido acreditados previamente; y contendrá los siguientes extremos:

- Fijación de los hechos.
- Valoración de las pruebas practicadas.
- Determinación de la infracción cometida.
- La identificación de la persona o entidad infractora.
- La cuantificación de la sanción que se impone, con indicación de los criterios de graduación y de la reducción que proceda de acuerdo con el artículo 188 de la LGT.
- En su caso, la declaración de inexistencia de infracción o responsabilidad.

La resolución se notificará a los interesados. Esta notificación deberá mencionar:

- Los medios de impugnación que pueden ser ejercitados, plazos y órganos ante los que habrán de ser interpuestos.
- El lugar, plazo y forma en que debe ser satisfecho el importe de la sanción impuesta.
- Las circunstancias cuya concurrencia determinará la exigencia del importe de las reducciones practicadas en las sanciones.
- La no exigencia de intereses de demora en los casos de suspensión de la ejecución de sanciones por la interposición en tiempo y forma de un recurso o reclamación administrativa contra ellas.
- Cuando la resolución fuese susceptible de impugnación en vía contencioso-administrativa, se informará de que, en caso de solicitarse la suspensión, ésta se mantendrá hasta que el órgano judicial se pronuncie sobre la solicitud, siempre que el interesado cumpla los requisitos del apartado segundo del artículo 29 del RGRST.

| Terminación mediante resolución tácita

Este tipo de resolución solamente puede tener lugar en el caso de procedimientos sancionadores iniciados como consecuencia de un procedimiento de inspección en los que el interesado preste su **conformidad** a la propuesta de resolución tal y como se desprende del artículo 211.1 de la LGT y el 25.7 del RGRST. De este modo si prestó **conformidad,** se entenderá dictada y notificada la resolución de acuerdo con dicha propuesta por el transcurso **del plazo de un mes a contar desde el día siguiente a la fecha en que prestó la conformidad** sin necesidad de nueva notificación expresa al efecto, pudiendo hablar en este caso, de resolución tácita en lugar de expresa.

Este mecanismo de silencio administrativo está pensado en beneficio de la agilidad procedimental, garantizando a la vez que el obligado sabe que, si la Administración no actúa, la sanción queda confirmada tal y como fue propuesta y aceptada.

Durante el citado plazo de un mes, el RGRST contempla varias posibilidades de actuación del órgano competente, que evitarían la ficción de la resolución tácita. Estas posibilidades son:

- Corregir errores materiales apreciados en la propuesta.

- Ordenar la ampliación de actuaciones dentro del plazo máximo del procedimiento. En estos casos el TEAC ha señalado expresamente en su **resolución n.º 738/2013, de 12 de enero de 2017,** que: «*En el caso de que quede sin efecto una propuesta de sanción por haber ordenado el Inspector Jefe que se completasen las actuaciones inspectoras documentadas en el acta que contiene la propuesta de liquidación de la que deriva la propuesta de sanción y cuando se incoa nueva acta, se inicie un nuevo procedimiento sancionador, la duración del procedimiento sancionador se cuenta desde su inicio real (la notificación de la propuesta dejada sin efecto) y no desde que se le notifique la nueva propuesta de sanción derivada de la nueva propuesta de liquidación que haga el actuario*».

- Dictar resolución expresa confirmando la propuesta de sanción, es decir, el órgano competente opta por dictar una resolución sancionadora formal, teniendo por tanto una resolución expresa y no tácita.

- Rectificar la propuesta por considerarla incorrecta.

> **A TENER EN CUENTA**. Cuando la notificación de cualquiera de estas posibilidades no se produzca en el plazo de un mes a contar desde el día siguiente a la fecha en que prestó la conformidad, esta actuación carecerá de efecto frente al interesado. Es decir, cualquier notificación que se produzca una vez transcurrido el mes desde la conformidad inicial y que pretenda modificar la situación, carece de efectos frente al interesado. Esto conlleva que, si la Administración no actúa dentro de ese mes, queda vinculada por la propuesta de sanción aceptada y no puede, con posterioridad, corregirla ni agravarla a través de una actuación tardía.

Y, en virtud de lo establecido en el artículo 25.7 del RGRST cuando el órgano competente rectifique la propuesta: sólo si el interesado presta su conformidad a la rectificación realizada, la resolución se considerará dictada en los términos del acuerdo de rectificación y se entenderá notificada por el transcurso del plazo de un mes a contar desde el día siguiente a la fecha en que prestó conformidad, salvo que en ese plazo el órgano competente para imponer la sanción notifique resolución expresa confirmando la propuesta, mientras que en los demás casos en los que transcurra el plazo de alegaciones sin que se hayan producido o en los que el interesado manifieste su disconformidad, sí sería necesaria una nueva notificación expresa.

Es muy interesante traer a colación la **sentencia n.º 1580/2023, de 27 de noviembre, ECLI:ES:TS:2023:5526**, en la cual el Tribunal Supremo fija doctrina al considerar que la estimación parcial de las alegaciones a un acta de disconformidad, conlleva una nueva propuesta de sanción. Así, establece que:

> «La doctrina que fijamos, respondiendo a la cuestión con interés casacional es que cuando se produzca una estimación parcial de las alegaciones formuladas al acta de disconformidad en el procedimiento de regularización que comporte el necesario ajuste de la sanción derivada al importe finalmente regularizado, es necesario, a tenor de lo dispuesto en el artículo 25.6, párrafo segundo, del RD 2063/2004, de 15 de octubre, Reglamento General del Régimen Sancionador Tributario (renumerado actualmente como artículo 25.7), que se emita una nueva propuesta de sanción rectificada y se ofrezca un nuevo plazo al interesado para que pueda formular alegaciones, de manera que en caso de que no se haya otorgado tal plazo no cabe su subsanación a posteriori».

RESOLUCIÓN ADMINISTRATIVA

Resolución del Tribunal Económico Administrativo n.º 154/2025, de 24 de septiembre de 2025

Asunto: Aclaración cómputo de plazos.

*«El cómputo del plazo de un mes del que dispone la Administración Tributaria, ex artículos 211.1 de la Ley 58/2003, General Tributaria y 25.7 del Real Decreto 2063/2004 por el que se aprueba el Reglamento General del Régimen Sancionador Tributario, para dictar y notificar un acuerdo con el contenido del artículo 156.3 de la Ley General Tributaria que impida el dictado tácito de la resolución sancionadora de acuerdo con la propuesta a la que se prestó conformidad, se computa **desde la fecha en que se prestó la conformidad, día que queda excluido del cómputo, y finaliza el mismo día en que se prestó la conformidad en el mes de vencimiento** o, si en dicho mes no hubiera día equivalente, el último día del mes.*

El transcurso de dicho plazo sin que se haya notificado al obligado tributario alguno de los contenidos a los que se refiere el artículo 156.3 LGT, supondrá que se entienda dictada y notificada la resolución sancionadora al día siguiente, de acuerdo con el contenido de la propuesta.

Basta con que la Administración Tributaria realice, dentro del plazo de un mes previsto en el artículo 211.1 LGT, un intento de notificación o la puesta a disposición de la notificación en la sede electrónica de la Administración Tributaria o en la dirección electrónica habilitada (art. 104 de la Ley General Tributaria), de un acuerdo con el contenido del artículo 156.3 LGT, para que no se pueda entender dictado y notificado ope legis el acuerdo sancionador resultante de la propuesta a la que se prestó conformidad».

| Terminación por caducidad

De acuerdo con el artículo 211 de la LGT, apartado 4, la caducidad del procedimiento sancionador tiene lugar cuando trascurre el plazo máximo de duración del procedimiento sin que se haya notificado, o intentado notificar, la resolución, que no podrá exceder de los 6 meses.

Si bien, el Tribunal Supremo a través de sus sentencias n.º 1162/2023, ECLI:ES:TS:2023:3759, n.º 1174/2023, ECLI:ES:TS:2023:3757 y n.º 1163/2023, ECLI:ES:TS:2023:3758, todas ellas de 21 de septiembre de 2023, ha declarado que:

> «aunque la caducidad acontece por el mero transcurso del plazo legalmente establecido, por tanto, con independencia de que exista una declaración de caducidad, la Administración Tributaria está obligada a declarar la caducidad de forma expresa, transcurrido el plazo máximo legal para notificar la correspondiente liquidación en el procedimiento de gestión tributaria iniciado por declaración.
>
> Sin declaración expresa de caducidad de un procedimiento de gestión tributaria iniciado mediante declaración, relativo a un determinado concepto tributario (obligación tributaria o elemento de la obligación tributaria) y período impositivo, no es posible iniciar un ulterior procedimiento de inspección respecto de dicho concepto tributario (obligación tributaria o elemento de la obligación tributaria) y período impositivo. Tampoco cabe incorporar en ese nuevo procedimiento los documentos y elementos de prueba obtenidos en el procedimiento caducado».

Así, las citadas sentencias recalcan que **la declaración expresa de caducidad es necesaria para certificar un escenario de seguridad jurídica que, a la postre, garantizará la posición de los contribuyentes** pues, de esa manera podrán atenerse a los cauces procedimentales por los que, en cada momento, discurre la actuación administrativa y, por su supuesto, conocer los informes y documentos que, procedentes de un procedimiento anterior, se pretendan utilizar por la Administración en un nuevo procedimiento.

En el mismo sentido la **STS n.º 1348/2025, de 23 de octubre, ECLI:ES:TS:2025:4719**, en la que se señala que «*La declaración expresa y formal de caducidad es preceptiva para la Administración tributaria en los procedimientos de gestión (art. 104, 1 y 5, LGT) (...)*» .

La **declaración de caducidad podrá dictarse de oficio o a instancia del interesado** y ordenará el archivo de las actuaciones. Dicha caducidad **impedirá la iniciación de un nuevo procedimiento sancionador.**

JURISPRUDENCIA

Sentencia del Tribunal Supremo, rec. 97/2022, de 15 de diciembre de 2004, ECLI:ES:TS:2004:8106

Asunto: prescripción y límite de la potestad sancionadora.

«El límite para el ejercicio de la potestad sancionadora, y para la prescripción de las infracciones, concluye con la resolución sancionadora y su consiguiente notificación, sin poder extender la misma a la vía de recurso».

2.7. Recursos contra sanciones en el procedimiento sancionador tributario

¿Qué recursos caben contra las sanciones tributarias?

El acto de resolución del procedimiento sancionador puede ser objeto de recurso o de reclamación independiente. Los recursos contra las sanciones tributarias se encuentran regulados en el artículo 212 de la Ley 58/2003, de 17 de diciembre, General Tributaria.

> **A TENER EN CUENTA**. En el supuesto de que el contribuyente impugne también la deuda tributaria, se acumularán ambos recursos o reclamaciones, siendo competente el que conozca la impugnación contra la deuda.

Se podrá recurrir la sanción sin perder la **reducción del 30 % por conformidad** prevista en el párrafo b) del apartado 1 del artículo 181 de la LGT siempre que **no se impugne la regularización**.

En cuanto a las sanciones que deriven de **actas con acuerdo** no van a poder ser impugnadas en vía administrativa. La impugnación de dicha sanción en vía contencioso-administrativa supone la exigencia del importe de la reducción practicada.

CUESTIÓN

¿Qué puedo alegar para recurrir una sanción tributaria?

A modo de ejemplo, y sin realizar una enumeración taxativa, podemos citar algunos de los motivos que pueden dar lugar al recurso de la sanción:

- Falta o insuficiencia de motivación.
- Vulneración de derechos y garantías del procedimiento sancionador (derecho de defensa, presunción de inocencia, principio de legalidad y tipicidad, etc.).
- Inexistencia de tipicidad o de culpabilidad (errores razonables de interpretación, ausencia de dolo o culpa, concurrencia de causas eximentes o atenuantes).
- Infracciones sustanciales de las normas procedimentales que hayan producido indefensión (defectos de notificación, plazos, tramitación conjunta con el procedimiento de comprobación, etc.).
- Incorrecta aplicación de los criterios de graduación de la sanción, o errores en la cuantificación.

|| Los efectos de los recursos: la suspensión de la sanción

La interposición de un recurso o de una reclamación administrativa contra una sanción, en virtud de lo establecido en el artículo 212 de la LGT, va a producir los siguientes **efectos**:

- La ejecución de las sanciones quedará **automáticamente suspendida**, sin necesidad de que lo solicite el interesado, en periodo voluntario y sin necesidad de aportar garantías, hasta que las sanciones sean firmes en vía administrativa. Hay que tener en cuenta que el Tribunal Supremo en su **STS n.º 2427/2016, de 14 de noviembre, ECLI:ES:TS:2016:4865,** se pronunció sobre esta suspensión automática y recalcó que la suspensión automática de la sanción sin garantía consecuencia de la interposición en tiempo y forma de un recurso o reclamación, **sólo resulta aplicable cuando se trate de una sanción tributaria, que se encuentre en periodo voluntario de pago, pero no cuando la sanción impuesta se encuentra en la fase de apremio,** al no haberse ingresado la misma en periodo voluntario, aclarando también que en este caso podría recurrirse y solicitarse la suspensión al mismo tiempo, pero si se pretende la suspensión sin garantías debe acudirse a las previsiones generales del artículo 233.4 de la LGT, y acreditar perjuicios de imposible o difícil reparación.

- **No se exigirán intereses de demora** por el tiempo que transcurra hasta la finalización del plazo de pago en periodo voluntario abierto por la notificación de la resolución que ponga fin a la vía administrativa, exigiéndose intereses de demora a partir del día siguiente a la finalización de dicho plazo.

Estas previsiones se aplican a los efectos de suspender las sanciones tributarias objeto de **derivación de responsabilidad,** tanto en el caso de que la sanción fuese recurrida por el sujeto infractor como cuando, en ejercicio de lo dispuesto en el apartado 5 del artículo 174 de la LGT, dicha sanción sea recurrida por el responsable. En ningún caso será objeto de suspensión automática por este precepto la deuda tributaria objeto de derivación. Tampoco se suspenderán con arreglo a este precepto las responsabilidades por el pago de deudas previstas en el apartado 2 del art. 42 de la LGT relativo a los responsables solidarios del pago de la deuda tributaria pendiente y, en su caso, del de las sanciones tributarias, incluidos el recargo y el interés de demora del período ejecutivo.

Una vez la sanción sea firme en vía administrativa, los órganos de recaudación **no iniciarán las actuaciones del procedimiento** de apremio mientras no concluya el plazo para interponer el **recurso contencioso-administrativo.** Si durante ese plazo el interesado comunica a dichos órganos la interposición del recurso con petición de suspensión, ésta se mantendrá **hasta que el órgano judicial adopte la decisión que corresponda en relación con la suspensión solicitada.** Por tanto, hasta el oportuno recurso jurisdiccional, en el supuesto de que fuera desestimado, no podría decirse que la sanción había quedado firme en vía administrativa, luego **la sanción tributaria no goza en realidad de ejecutoriedad;** lo que tiene efectos, por ejemplo, en cuanto al interés de demora, inexigible hasta aquella firmeza.

Por su parte, el artículo 233 de la LGT al regular la suspensión de la ejecución de los actos impugnados en vía económico-administrativa, mantiene esta especialidad de la impugnación de las sanciones, y diferencia dos supuestos:

- En primer lugar, y como norma general, dispone que la ejecución del acto impugnado quedará **suspendida automáticamente** a instancia del interesado **si se garantiza** el importe de dicho acto, los intereses de demora que genere la suspensión y los recargos que procederían en caso de ejecución de la garantía, en los términos que se establezcan reglamentariamente.

- En segundo lugar, recoge una especialidad para cuando la impugnación afecta a una **sanción tributaria**, en cuyo caso la ejecución de la misma quedará suspendida automáticamente sin necesidad de aportar garantías.

También cabe mentar aquí el artículo 39 del Real Decreto 520/2005, de 13 de mayo, por el que se aprueba el Reglamento general de desarrollo de la Ley 58/2003, de 17 de diciembre, General Tributaria, en materia de revisión en vía administrativa (en adelante, RRVA), que tras enumerar los supuestos de ejecución, dedica su tercer apartado a la impugnación de sanciones y establece que: «*Tratándose de sanciones que hayan sido objeto de reclamación por los interesados, su ejecución quedará automáticamente suspendida en periodo voluntario sin necesidad de aportar garantías hasta que sean firmes en vía administrativa. No se suspenderán con arreglo a este apartado las responsabilidades por el pago de sanciones tributarias previstas en el artículo 42.2 de la Ley 58/2003, de 17 de diciembre, General Tributaria. La suspensión no afectará a las actuaciones de recaudación que se hubieran producido hasta ese momento*».

Podemos concluir que si bien la suspensión de la sanción sin garantías es automática en el ámbito administrativo, no ocurre lo mismo cuando se acude a la vía judicial, en donde la sanción no goza de una suspensión automática, sino que su suspensión queda supeditada a la decisión del órgano judicial competente, quien puede exigir garantías para concederla.

CUESTIONES

1. El inciso del artículo 212.3 de la LGT que impide la suspensión automática de la deuda tributaria objeto de derivación, ¿es contrario al principio constitucional de igualdad?

No, y así lo razona nuestro Alto Tribunal en la STS n.º 142/2023, de 7 de febrero, ECLI:ES:TS:2023:408, en la que tras reiterar que la responsabilidad solidaria del artículo 42.1.a) de la LGT posee naturaleza sancionadora, establece que dicha naturaleza «*(...) no impide que el legislador, dentro de los límites constitucionales, pueda modular el régimen de inejecutividad de los actos sancionadores, incluidos los basados en la aplicación de la responsabilidad solidaria del citado art. 42.1.a) LGT, sin que una norma con rango de ley que niegue la suspensión automática de la deuda tributaria objeto de derivación -la parte derivada que proviene de deuda estricta- sea contraria a la Constitución*». Y, por tanto, concluye que, el inciso del artículo 212.3.b), segundo párrafo, *in fine*, de la LGT, que impide la suspensión automática de la deuda tributaria objeto de derivación, es compatible con el principio constitucional de igualdad.

2. Si se pretende la suspensión en vía económico-administrativa de una providencia de apremio derivada del incumplimiento del deber de pago de una sanción de multa, ¿es de aplicación la suspensión automática regulada en el artículo 212.3 de la LGT o rige el principio general del primer párrafo del artículo 233.1 de la LGT?

El Tribunal Supremo en su STS n.º 263/2025, de 10 de marzo, ECLI:ES:TS:2025:966, da respuesta a esta cuestión señalando que: «*(...) cuando lo pretendido sea la suspensión en vía económico-administrativa de una providencia de apremio derivada del incumplimiento del deber de pago de una sanción de multa, no resulta de aplicación la regla del artículo 212.3 de la Ley General Tributaria, de suspensión automática del curso de dicha providencia de apremio, sin garantía - en rigor, se trataría de una inejecutividad-, sino el principio general previsto en el artículo 233.1, párrafo primero, de la LGT, de supeditación a la prestación de garantía».*

JURISPRUDENCIA

Sentencia del Tribunal Supremo, rec. 2428/2011, de 10 de mayo de 2012, ECLI:ES:TS:2012:3436

Asunto: suspensión de la ejecución de las sanciones.

«No se está, declara la Sentencia, «ante un supuesto de inicial inejecutividad de la sanción tributaria (como ha venido aceptándose en varias Sentencias de la sección Segunda de esta Sala Tercera, hasta la de fecha 5 de Octubre de 2004) que determina que , mientras que el órgano jurisdiccional, en la Sentencia del recurso contencioso-administrativo, o en otra Resolución que lo ultime, no decida sobre la virtualidad o no de la infracción imputada y de la sanción impuesta, no será factible, sin necesidad de caución, la ejecución de la misma, sino ante un caso, por imperativo legal, de suspensión de la ejecutividad (propia, ésta última, inicialmente, de todo acto Administrativo) de la sanción, hasta un determinado momento procesal o procedimental, como es, no el de la Sentencia o resolución semejante de la Sala Jurisdiccional, sino el del auto o Resolución que la misma adopte, en base a su innata potestad cautelar, y de acuerdo con los criterios previstos en los artículos 122 y siguientes de la L.J.C.A. de 1956 ó en las actualmente vigentes en la LJCA 29/1998, en la pieza separada de suspensión del recurso Contencioso-Administrativo» .

A tenor de estos razonamientos, concluye la Sentencia que "ha quedado sentado, pues, que en el ámbito del Derecho sancionador tributario, la Ley 58/2003 sigue el mismo criterio establecido en la Ley 1/1998, de suspensión automática, sin garantía, de las sanciones, que demoran su ejecución hasta que las mismas hayan causado Estado en vía administrativa, pero con un aditamento más, al aplazar la ejecución hasta la decisión judicial sobre la adopción de medidas cautelares"».

Sentencia del Tribunal Supremo n.° 415/2017, de 9 de marzo, ECLI:ES:TS:2017:958

Asunto: intereses durante la suspensión. Herederos.

«No cuestionándose que sólo el infractor es el que tiene que pagar la sanción, dado que se trata de una medida represiva a la que tiene que hacer frente como compensación de la comisión de una infracción, lo que nos lleva a la extinción de la responsabilidad derivada de las infracciones y de las sanciones tributarias por el fallecimiento del sujeto infractor (artículos 189 y 190), el problema a resolver es si este principio se extiende también a los intereses generados por la solicitud de suspensión, lo que ha de merecer una respuesta positiva en la línea que mantiene la sentencia recurrida, en cuanto traen causa de la propia sanción impuesta, lo que impide la posibilidad de la transmisión al heredero, aunque el art. 39.1 de la Ley 58/2003 no contempla la situación y se refiera solo a la sanción, sin que tampoco el art. 26. 2. c) de la ley 58/2003 nos pueda llevar a otra conclusión, en cuanto tiene en cuenta al sancionado, que no satisface el importe de la sanción, una vez vencido el plazo para su ingreso, debiendo estarse a las reglas específicas en el supuesto que hubiera sido objeto de recurso o reclamación, reglas que sólo pueden afectar al sancionado, no a sus herederos, toda vez que las consecuencias de una petición de suspensión, por el pago tardío, no pueden separarse de la propia sanción, y van asociados a la responsabilidad.

Otra interpretación nos llevaría a desconocer el principio de la personalidad de la pena, protegido por el art. 25.1 de la Constitución , que es de aplicación al Derecho Administrativo sancionador.

En definitiva, el carácter compensatorio del perjuicio económico causado a la Administración Tributaria como consecuencia de la suspensión de la sanción tiene sentido cuando quien paga los intereses de demora es el sujeto infractor, pero no si la persona que debe abonarlos es un tercero, en cuanto resulta totalmente ajeno a las causas del retraso».

Sentencia del Tribunal Supremo n.º 658/2020, de 3 de junio, ECLI:ES:TS:2020:1426

Asunto: Extinción de la sanción antes de su firmeza por fallecimiento del heredero.

«(...) producido el fallecimiento del sujeto infractor después del acuerdo de imposición de sanción, pero antes de su firmeza, no es posible cuestionar la legalidad del acto administrativo de imposición de la sanción, al haberse producido la extinción de la sanción por ministerio de la ley (...)».

ANEXO.
CASOS PRÁCTICOS

Caso práctico | Responsabilidad del administrador en la infracción tributaria cuando la renuncia no se ha inscrito en el registro mercantil

PLANTEAMIENTO

Una sociedad es sancionada por la AEAT por infracción tributaria grave en relación con el IVA del ejercicio 2019. La propuesta de sanción se dirige subsidiariamente contra el administrador único que presentó escrito de renuncia al cargo ante la sociedad el 15/01/2019, conservando copia con sello de entrada de la compañía. Desde esa fecha dejó de intervenir en la gestión, en la contabilidad, en la firma de declaraciones y en la operativa bancaria de la entidad, asumiendo de hecho la administración otra persona, si bien el acuerdo de cese y nombramiento no se inscribió en el registro mercantil hasta el 30/11/2020, cuando ya se había desarrollado toda la actividad comprobada y dictada la liquidación.

¿Responde el administrador de la sanción tributaria pese a haber presentado su renuncia y haber cesado efectivamente en la gestión antes de la comisión de la infracción, aunque su cese se inscriba tardíamente en el registro mercantil?

RESPUESTA

No, si acredita de forma fehaciente que la renuncia se produjo y fue conocida por la sociedad con anterioridad a la comisión de la infracción y que desde entonces dejó efectivamente de ejercer funciones de administración y de control sobre el cumplimiento de las obligaciones tributarias.

La inscripción en el registro mercantil del nombramiento y cese de administradores tiene carácter declarativo y no constitutivo, de manera que la responsabilidad por infracción se conecta con la realidad material del ejercicio del cargo y no exclusivamente con los datos registrales. Así lo ha venido sosteniendo la jurisprudencia, entre ellas la **sentencia del Tribunal Supremo, rec. 145/2002, de 14 de junio de 2007, ECLI:ES:TS:2007:4188**, admite que, en el caso de cese en el cargo de administrador no inscrito en el registro mercantil la prueba de cese por otros medios, por lo que, si se acredita suficientemente esta circunstancia, antes de la cesación de actividad de la sociedad, debe quedar excluido de responsabilidad subsidiaria.

En relación con la responsabilidad sancionadora de administradores sociales, la **sentencia del Tribunal Supremo, rec. 1787/2005, de 18 de octubre de 2010, ECLI:ES:TS:2010:5525**, ha destacado que:

- La responsabilidad alcanza a quienes tuvieran la condición de administradores al cometerse la infracción, aunque posteriormente hubieran cesado en el cargo.

- La imputación de la responsabilidad es consecuencia de los deberes normales en un gestor, siendo suficiente la concurrencia de la mera negligencia.

- Si de la naturaleza de las infracciones tributaria apreciadas se deduce que los administradores, aun cuando pudieran haber actuado sin malicia o intención, hicieron dejación de sus funciones y de su obligación de vigilancia del cumplimiento de las obligaciones fiscales de la sociedad, la atribución de responsabilidad subsidiaria resulta correcta, al existir un nexo causal entre dichos administradores y el incumplimiento de los deberes fiscales por parte del sujeto pasivo que es la sociedad.

Sobre la base de estos criterios, la responsabilidad sancionadora de un administrador que ha presentado su renuncia y ha cesado efectivamente en el ejercicio del cargo con anterioridad a la comisión de la infracción solo puede apreciarse si, pese a la renuncia, mantuvo de hecho el control o la gestión de la sociedad y participó de algún modo en la conducta infractora, o si se aprecia una actuación culposa por haber propiciado o tolerado la infracción en un momento en que aún ejercía efectivamente sus funciones.

Caso práctico | Nulidad de sanción tributaria por no valorar alegaciones presentadas en plazo

PLANTEAMIENTO

La Dependencia Regional de Inspección de la AEAT notifica a la sociedad X, el 2 de marzo de 2023, un acuerdo de inicio de procedimiento sancionador junto con la propuesta de sanción derivada de un acta de disconformidad. Se concede un plazo de 15 días para formular alegaciones.

El 20 de marzo de 2023 (último día del plazo, tras ampliación concedida conforme al artículo 91 RGAT), la sociedad presenta su escrito de alegaciones en una oficina de Correos, en sobre abierto y cumpliendo los requisitos del artículo 16 de la LPAC. El resguardo de Correos acredita esa fecha. Las alegaciones tienen entrada en el registro de la AEAT el 24 de marzo de 2023.

Sin embargo, la Dependencia sancionadora dicta el acuerdo de imposición de sanción el 22 de marzo de 2023, sin mencionar ni analizar las alegaciones (que todavía no han llegado materialmente al órgano). El acuerdo se notifica electrónicamente el 25 de marzo de 2023.

Tras comprobar que su escrito fue presentado en plazo en Correos, la sociedad interpone reclamación económico-administrativa contra el acuerdo sancionador alegando nulidad de pleno derecho por vulneración del derecho de defensa y del trámite de audiencia, al haberse dictado la sanción prescindiendo de las alegaciones formuladas en plazo.

Se plantea:

1) ¿Debe declararse la nulidad de pleno derecho del acuerdo sancionador por no haberse tenido en cuenta las alegaciones formuladas en plazo, pero recibidas en la AEAT con posterioridad?

2) ¿Es suficiente, en el ámbito sancionador, con considerar el defecto como una mera anulabilidad subsanable mediante un posterior escrito de «respuesta a alegaciones» dentro del mismo procedimiento?

RESPUESTA

1) Sí. El acuerdo sancionador es nulo de pleno derecho al equivaler la falta de valoración de las alegaciones presentadas en plazo a la omisión del trámite de audiencia en un procedimiento sancionador, con vulneración del art. 24 de la CE.

2) No. En procedimientos sancionadores, el vicio no es subsanable dentro del mismo procedimiento mediante un posterior acuerdo de «respuesta a alegaciones»; procede declarar la nulidad radical de la sanción.

Estas respuestas tienen la siguiente fundamentación jurídica:

- En materia de presentación en Correos, la fecha relevante es la del sellado en la oficina de Correos, de forma que las alegaciones se consideran presentadas en plazo, aunque lleguen al órgano después del vencimiento y después incluso de dictado el acuerdo.

- En el ámbito tributario sancionador, el art. 210 de la LGT y el art. 23 del RGRST articulan un procedimiento en el que, tras la propuesta de sanción, debe darse trámite de audiencia con puesta de manifiesto del expediente y plazo de alegaciones, que han de ser valoradas antes de dictar el acuerdo sancionador.

La **STS n.º 465/2020, de 18 de mayo, ECLI:ES:TS:2020:1097**, declara que:

- En procedimientos no sancionadores (liquidaciones), la omisión del trámite de audiencia o la falta de valoración de alegaciones en plazo es, en principio, un vicio de anulabilidad, no de nulidad radical.

- En el procedimiento sancionador el tratamiento es distinto: la omisión del trámite de audiencia –o la no consideración de alegaciones presentadas en plazo– posee relevancia constitucional al amparo del artículo 24 de la CE y determina la **nulidad de pleno derecho** de lo actuado.

- Aunque el contribuyente haya formulado alegaciones dentro de plazo, el hecho de dictar la sanción sin tenerlas en cuenta «equivale materialmente a la propia omisión» del trámite de audiencia, al prescindirse de las garantías básicas de contradicción y defensa, resolviendo de espaldas al contribuyente.

- No cabe subsanar posteriormente dentro del mismo procedimiento este defecto esencial mediante una resolución posterior que conteste las alegaciones: la sanción inicial es nula *ab initio*.

Este criterio ha sido expresamente acogido por el TEAC en **resolución n.º 5837/2018, de 23 de noviembre de 2021**, que, siguiendo la mentada sentencia, distingue:

- Para la liquidación: anulabilidad del acto por indefensión, con retroacción de actuaciones para valorar las alegaciones, conforme al apartado 3 del artículo 239 de la LGT.

- Para la sanción: nulidad de pleno derecho del acuerdo sancionador dictado sin considerar las alegaciones presentadas en plazo.

Teniendo en cuenta la fundamentación anterior en el caso que se plantea se debe concluir que:

- Las alegaciones de la sociedad X se presentaron en plazo (20-03-2023), aunque llegaron materialmente a la AEAT el 24-03-2023.

- El acuerdo sancionador se dictó el 22-03-2023 sin valorar esas alegaciones, por lo que el órgano resolvió prescindiendo en la práctica del trámite de audiencia efectivo.

- Conforme a lo expuesto, ello constituye un vicio de nulidad radical del acuerdo sancionador por vulneración del derecho de defensa del artículo 24 CE.

En consecuencia, el órgano revisor deberá declarar la nulidad de pleno derecho del acuerdo de imposición de sanción.

Caso práctico | Nulidad de sanción tributaria por falta de motivación de la culpabilidad

PLANTEAMIENTO

La Administración inicia procedimiento sancionador por infracción del artículo 191 de la LGT, imponiendo multa del 50 %. En el acuerdo sancionador se describe el hecho y se añade, en el apartado de motivación, únicamente:

«Se estima que la conducta del obligado tributario constituye infracción tributaria del artículo 191 LGT, concurriendo al menos simple negligencia, sin apreciarse causas de exoneración del artículo 179.2 LGT».

La entidad interpone recurso de reposición alegando la ausencia de motivación específica de la culpabilidad.

La Administración desestima el recurso mediante acuerdo de reposición en el que, por primera vez, detalla cronológicamente los hechos (solicitud de devolución, fecha de cobro, ausencia de regularización voluntaria, etc.) y concluye que la conducta es negligente por no haber regularizado al detectar el error.

Contra la resolución del recurso de reposición la entidad formula reclamación económico-administrativa alegando la nulidad de la sanción por falta de motivación de la culpabilidad, así como la imposibilidad de subsanar ese defecto en vía revisora.

¿Debe anularse la sanción por falta de motivación de la culpabilidad en el acuerdo sancionador inicial, pese a que el órgano que resuelve el recurso de reposición haya intentado completar esa motivación?

RESPUESTA

Sí. La sanción debe anularse porque el acuerdo sancionador no motiva de forma específica y suficiente la existencia de culpabilidad, y ese defecto no puede subsanarse en vía de revisión (recurso de reposición o reclamación económico-administrativa).

1. Necesidad de motivar la culpabilidad en el propio acuerdo sancionador

De acuerdo con el apartado 1 del artículo 183 de la LGT sólo son sancionables las conductas dolosas o culposas, con cualquier grado de negligencia. Los artículos 210.4 y 211.3 de la LGT imponen la obligación de motivar las sanciones, incluyendo la referencia a los hechos, a la calificación jurídica y, de forma esencial, al juicio de culpabilidad.

La doctrina del Tribunal Constitucional (entre otras, **STC n.º 164/2005, de 20 de junio, ECLI:ES:TC:2005:164**) y del Tribunal Supremo (por todas, **STS, rec. 650/2014, de 16 de julio de 2015, ECLI:ES:TS:2015:3373**) exige que la resolución sancionadora explicite los hechos concretos de los que se infiere la falta de diligencia, rechazando:

- La sanción basada exclusivamente en el resultado (falta de ingreso, obtención indebida de devolución, etc.).

- Las fórmulas genéricas del tipo «concurre simple negligencia» sin apoyo fáctico individualizado.

- La justificación de la culpabilidad por exclusión (no se aprecian causas de exoneración).

En el caso planteado, el acuerdo sancionador se limita a describir el resultado de la regularización y a afirmar genéricamente que concurre «simple negligencia», sin detallar qué circunstancias concretas permiten concluir que la entidad actuó culpablemente. Falta, por tanto, la motivación específica del elemento subjetivo.

2. Vulneración de la presunción de inocencia y prohibición de responsabilidad objetiva

La ausencia de motivación de la culpabilidad vulnera el derecho a la presunción de inocencia del artículo 24 de la CE, según la doctrina constitucional y la jurisprudencia del TS citadas en la **Resolución del TEAC n.º 2318/2011, de 23 de enero de 2014** (criterio 1). No puede sancionarse por el mero hecho de no ingresar si no se acredita un mínimo de culpabilidad y de ánimo defraudatorio o negligencia relevante.

3. Imposibilidad de subsanar en vía revisora la falta de motivación de la culpabilidad

El TEAC en la **resolución n.º 2318/2011, de 23 de enero de 2014** (criterio 2) y la **STS, rec. 650/2014, de 16 de julio de 2015, ECLI:ES:TS:2015:3373** han establecido que los déficits de motivación de la resolución sancionadora no pueden ser suplidos en vía revisora administrativa, ya sea en recurso de reposición o reclamación económica-administrativa.

Las razones son, en síntesis:

- Es sólo y exclusivamente al órgano competente para sancionar al que le corresponde motivar la imposición de la sanción.

- El acuerdo sancionador viciado por falta de motivación de la culpabilidad incurre en un defecto sustantivo que afecta a un elemento esencial del acto y vulnera un derecho susceptible de amparo constitucional, lo que determina su nulidad (art. 217.1.a LGT).

- No es posible subsanar un error o vicio tan gravemente afectante a la invalidez del acto, en tanto que la ausencia de la necesaria fundamentación o exposición del elemento subjetivo de culpabilidad está intrínsecamente unida al acuerdo sancionador.

En el supuesto planteado, el intento de la Administración de justificar detalladamente la negligencia en el acuerdo de reposición no sana el defecto originario: el acto que impone la sanción es el acuerdo sancionador inicial y es en él donde debe constar el juicio de culpabilidad debidamente motivado.

Caso práctico | ¿Puede el juez apreciar la caducidad del procedimiento sancionador tributario de oficio?

PLANTEAMIENTO

La Inspección de la AEAT inicia un procedimiento sancionador tributario derivado de unas actuaciones de comprobación sobre el IRPF de un contribuyente persona física, en el que se dicta un acuerdo de resolución sancionadora.

El contribuyente interpone reclamación económico-administrativa únicamente contra el fondo de la sanción (discute la existencia de culpabilidad y la graduación de la sanción), pero no invoca la caducidad del procedimiento sancionador. El TEAR desestima la reclamación y confirma la sanción.

Posteriormente, el contribuyente interpone recurso contencioso-administrativo ante el TSJ competente. En su demanda, de nuevo, no alega la caducidad del procedimiento sancionador, limitándose a reproducir los motivos ya planteados en vía económico-administrativa.

Paralelamente, el mismo TSJ conoce otros recursos contencioso-administrativos de contribuyentes sancionados en expedientes muy similares (misma Dependencia regional, misma mecánica sancionadora y cronología análoga), en los que sí se plantea la caducidad, que finalmente es apreciada por el propio TSJ por haber transcurrido sobradamente el plazo de seis meses del artículo 211.2 de la LGT, sin poder imputar al contribuyente las dilaciones.

En el recurso de nuestro contribuyente, durante la deliberación, la Sala aprecia que, atendidas las fechas que constan en el expediente remitido, también podría haberse producido la caducidad del procedimiento sancionador (exceso del plazo de seis meses del artículo 211 LGT, incluso teniendo en cuenta la ampliación de plazo de alegaciones solicitada por el contribuyente). No obstante, ninguna de las partes ha invocado formalmente dicha caducidad en este proceso.

Ante esta situación, el ponente plantea a la Sala si puede (o debe) introducir de oficio la cuestión de la posible caducidad del procedimiento sancionador tributario, sometiéndola a las partes conforme al apartado 2 del artículo 33 de la LJCA, aun cuando el contribuyente nunca la haya alegado ni en vía económico-administrativa ni en vía jurisdiccional.

¿Puede el Tribunal contencioso-administrativo apreciar de oficio la caducidad del procedimiento sancionador tributario, sin que haya sido alegada por las partes? En su caso, ¿cómo debe proceder procesalmente?

RESPUESTA

Sí, el tribunal contencioso-administrativo puede y, en determinados supuestos, debe, apreciar de oficio la posible caducidad del procedimiento sancionador tributario, aun cuando no haya sido alegada por las partes. Para ello, debe utilizar el mecanismo del artículo 33.2 de la LJCA («planteamiento de la tesis»), dando trámite de audiencia a las partes sobre ese posible motivo de nulidad antes de dictar sentencia.

Con relación a la **normativa aplicable**, cabe destacar la siguiente:

- **Artículo 211 de la LGT, apartados 2 y 4**: establece el plazo máximo de seis meses para concluir el procedimiento sancionador desde la notificación de inicio y prevé que el vencimiento del plazo sin resolución expresa produce la caducidad, cuya declaración «podrá dictarse de oficio o a instancia del interesado» y «dicha caducidad impedirá la iniciación de un nuevo procedimiento sancionador».

- **Artículo 33 de la LJCA, apartados 1 y 2**: fija los límites de la jurisdicción contencioso-administrativa (pretensiones y motivos de las partes) y habilita al tribunal para someter a las partes, mediante providencia, otros motivos susceptibles de fundar el recurso o la oposición, concediendo un plazo de diez días para alegaciones.

En este sentido se ha pronunciado la **STS n.º 1718/2023, de 18 de diciembre, ECLI:ES:TS:2023:5735**, que concluye:

> «A la vista de todo ello, fijamos la siguiente doctrina: en los supuestos en los que existan indicios suficientes de que se ha podido producir la caducidad del procedimiento sancionador, el tribunal sentenciador puede y debe proceder de oficio a su análisis y resolución, sin necesidad de que haya sido alegada por alguna de las partes, previo trámite de audiencia».

Sobre el alcance de la facultad/deber de apreciación de oficio conviene tener en cuenta que:

1. No es automática ni ilimitada

El Tribunal Supremo matiza su anterior doctrina sobre la prescripción y la caducidad: la apreciación de oficio no permite reabrir cuestiones fácticas o jurídicas con sustantividad propia que nunca han sido debatidas (por ejemplo, si determinadas dilaciones son imputables al contribuyente) para, a partir de ahí, construir de nuevo el cómputo del plazo.

La apreciación de oficio se justifica cuando, a partir de los hechos ya incorporados al debate y al expediente, **concurren indicios suficientes** de caducidad que se revelan de forma razonablemente clara.

2. Necesidad del trámite del artículo 33.2 de la LJCA

El TS insiste en que el uso del artículo 33.2 de la LJCA es el cauce adecuado para compatibilizar:

- El **principio de justicia rogada y de congruencia** (art. 33.1 de la LJCA); y
- la **tutela judicial efectiva** y la posibilidad de que el tribunal tenga en cuenta motivos de nulidad no expresamente alegados.

El tribunal no puede basar directamente su fallo en un motivo no alegado sin antes someterlo a las partes; de lo contrario, incurriría en incongruencia y vulneración del principio de contradicción.

Por tanto, podemos concluir que conforme a la doctrina fijada por la **STS n.º 1718/2023, de 18 de diciembre, ECLI:ES:TS:2023:5735**, cuando existan indicios suficientes de que se ha podido producir la caducidad del procedimiento sancionador tributario, el tribunal contencioso-administrativo puede y debe proceder de oficio a su análisis y, en su caso, a su apreciación, sin necesidad de que haya sido alegada previamente por las partes, siempre que antes someta este motivo a contradicción mediante el trámite del artículo 33.2 de la LJCA.

Caso práctico | Falta de pronunciamiento sobre la prueba propuesta en un expediente sancionador tributario

PLANTEAMIENTO

A un empresario individual se le sigue un procedimiento sancionador tributario por la comisión de una infracción muy grave consistente en la expedición de facturas con datos falsos o falseados, al amparo del art. 201.3 artículo 201.3 de la LGT.

El procedimiento se inicia directamente con acuerdo de inicio que incorpora propuesta de sanción, basándose en información obtenida previamente por la Inspección a través de requerimientos de información del artículo 93 de la LGT a terceros.

En el trámite de alegaciones frente a la propuesta, el expedientado solicita expresamente la práctica de diversas pruebas de descargo: (i) requerimientos de información a determinados clientes para acreditar la efectiva prestación de los servicios facturados; (ii) incorporación al expediente de documentación obrante en otros procedimientos de comprobación seguidos frente a uno de esos clientes; y (iii) su propia comparecencia y el reconocimiento por la Inspección de determinados trabajos realizados.

El acuerdo sancionador hace una mención genérica a que «las alegaciones no desvirtúan la propuesta de sanción», pero no contiene pronunciamiento alguno, ni expreso ni motivado, sobre la admisión, inadmisión o impertinencia de las pruebas propuestas, ni se acuerda su práctica. En vía económico-administrativa se confirma la sanción, sin corregir ese defecto de la resolución sancionadora.

En vía contencioso-administrativa, el empresario sostiene que la ausencia total de pronunciamiento sobre la prueba de descargo vulnera su derecho a utilizar los medios de prueba pertinentes para su defensa y su derecho a la presunción de inocencia, solicitando la nulidad de la sanción.

¿Constituye causa de invalidez de la resolución sancionadora tributaria que el órgano competente para sancionar no se pronuncie de forma expresa y motivada sobre las pruebas de descargo solicitadas tempestivamente por el interesado?

RESPUESTA

Sí. En un procedimiento sancionador tributario, la ausencia de pronunciamiento expreso y motivado sobre las pruebas de descargo propuestas tempestivamente por el interesado constituye causa de invalidez de la resolución sancionadora, por vulneración del derecho fundamental a utilizar los medios de prueba pertinentes para la defensa y del derecho a la presunción de inocencia del art. 24.2 de la CE. La sanción así impuesta es nula de pleno derecho.

A la hora de resolver este caso hay que partir de las siguientes normas:

- **Constitución Española**: artículo 24.2 de la CE (derecho a utilizar los medios de prueba pertinentes para la defensa y derecho a la presunción de inocencia).

- **Ley 58/2003, de 17 de diciembre, General Tributaria (LGT)**:
  - **Artículo 208.3.b)** (derecho en el procedimiento sancionador a utilizar los medios de defensa admitidos por el ordenamiento).
  - **Artículo 210.5** (posibilidad de inicio con propuesta de sanción y derecho a alegar y presentar documentos y pruebas).

- **Artículo 217.1.a)** (nulidad de pleno derecho de los actos que lesionen derechos y libertades susceptibles de amparo constitucional).
- **Artículo 141 y 142** (facultades de comprobación e investigación).

- **Reglamento general del régimen sancionador tributario (RGRST):**

  - **Artículo 23.4 y 5:** el interesado puede formular alegaciones y aportar documentos y pruebas en cualquier momento anterior a la propuesta de resolución y en el trámite posterior a ésta.

En un supuesto como el aquí planteado la **STS n.º 1511/2025, de 24 de noviembre, ECLI:ES:TS:2025:5229**, fija expresamente la siguiente jurisprudencia:

- **Primero:** «Constituye *causa de invalidez* de la resolución sancionadora en materia tributaria la circunstancia de que el órgano competente para imponer una sanción tributaria no se pronuncie de modo expreso sobre la solicitud de prueba de descargo, pretendida tempestivamente por el interesado en el procedimiento, sin justificar ni motivar el rechazo o la denegación de su práctica».

- **Segundo:** «La sanción así impuesta, prescindiendo total y absolutamente de eventuales pruebas de descargo propuestas, que habría podido valorar el órgano sancionador, *vulnera el derecho fundamental a utilizar los medios de prueba pertinentes para la defensa* y, en relación con dicho derecho, a la presunción de inocencia (art. 24.2 Constitución Española)».

- **Tercero:** «Dada la naturaleza de las infracciones advertidas y verificado que lesionan los derechos y libertades susceptibles de amparo constitucional que se han mencionado, la sanción así adoptada es *nula de pleno derecho* (art. 217.1.a) LGT) y, por tal razón, insusceptible de subsanación o convalidación en procedimientos o procesos posteriores».

De la mentada sentencia puede señalarse que según reconoce nuestro Alto Tribunal:

- El expedientado en un procedimiento sancionador tributario **tiene derecho no solo a aportar pruebas por sí mismo, sino también a solicitar aquellas cuyo ejercicio depende de las facultades de la Administración** (requerimientos a terceros, incorporación de documentación obrante en otros expedientes, etc.).

- **La Administración tiene el deber jurídico de pronunciarse expresamente sobre la prueba propuesta** (admisión o inadmisión) y, en caso de denegarla, de **motivar** que es manifiestamente improcedente, innecesaria o irrelevante para modificar la resolución final a favor del presunto responsable.

- El rechazo inmotivado —o el silencio absoluto— sobre pruebas de descargo pertinentes es contrario al art. 24.2 de la CE y vulnera también la presunción de inocencia, al impedir al expedientado combatir la prueba de cargo en un ámbito sancionador equiparable al penal.

En consecuencia:

- La falta de pronunciamiento expreso y motivado sobre las pruebas de descargo **no es un mero defecto formal subsanable**, sino una **vulneración material del derecho fundamental a la prueba y de la presunción de inocencia.**

- De acuerdo con la jurisprudencia citada, ello determina la **nulidad de pleno derecho** de la resolución sancionadora [art. 217.1.a) LGT], sin que pueda entenderse convalidada por eventuales posibilidades probatorias posteriores en vía económico-administrativa o judicial.

Por tanto, en un expediente sancionador tributario como el descrito, la omisión total de pronunciamiento sobre la prueba de descargo tempestivamente propuesta por el expedientado **determina la invalidez y nulidad radical de la resolución sancionadora.**

Caso práctico | Pros y contras de la tramitación conjunta en el procedimiento sancionador

PLANTEAMIENTO

En el ámbito del procedimiento sancionador tributario en España, ¿cuáles son los principales pros y contras de renunciar a la tramitación separada del procedimiento sancionador respecto del procedimiento de aplicación de los tributos?

RESPUESTA

Como punto de partida hay que recordar que, con carácter general, el procedimiento sancionador en materia tributaria debe tramitarse de forma separada al procedimiento de aplicación de los tributos (art. 208 de la LGT, apartado 1). No obstante, la Ley permite:

- Tramitación conjunta en los supuestos de actas con acuerdo (art. 155 de la LGT), donde la sanción se incluye ya en el acta; y
- Tramitación conjunta cuando exista renuncia del obligado tributario al procedimiento sancionador separado (art. 208.1 de la LGT).

La renuncia a la tramitación separada comporta que:

- No se abre un expediente sancionador posterior e independiente, con su propio plazo de seis meses (art. 211.2 de la LGT).
- La imposición de la sanción se resuelve en la misma resolución de liquidación.
- Se evita la duplicidad de trámites de audiencia, propuestas, notificaciones y posibles suspensiones.

La renuncia a la tramitación separada del procedimiento sancionador respecto del procedimiento de aplicación de los tributos presenta ventajas e inconvenientes tanto para la Administración tributaria como para el obligado tributario. A continuación, se analizan los principales aspectos desde ambas perspectivas:

Ventajas

Para la Administración tributaria:

- Simplificación y eficiencia: La tramitación conjunta permite unificar los procedimientos, lo que puede reducir tiempos y costes administrativos al evitar duplicidades en la gestión y resolución de los expedientes.
- Facilidad en la obtención de pruebas: La documentación y elementos de prueba obtenidos durante la tramitación conjunta se consideran parte de ambos expedientes, lo que facilita su análisis y uso en la resolución de los procedimientos.

Para el obligado tributario:

- Reducción de incertidumbre: Al tramitarse conjuntamente, el obligado tributario puede obtener una resolución más rápida y evitar la prolongación de los procedimientos sancionadores, lo que disminuye la incertidumbre sobre el resultado.

- Economía procesal: La tramitación conjunta puede implicar menos trámites y gestiones para el obligado tributario, lo que reduce la carga administrativa y los costes asociados.

Inconvenientes

Para la Administración tributaria:

- Riesgo de errores procesales: La unificación de procedimientos puede generar dificultades en la gestión de plazos y trámites específicos de cada procedimiento, lo que podría derivar en errores procesales.

- Limitación en la flexibilidad de actuación: La tramitación conjunta puede restringir la capacidad de la Administración para abordar de manera independiente aspectos específicos del procedimiento sancionador.

Para el obligado tributario:

- Menor posibilidad de defensa diferenciada: Al tramitarse conjuntamente, el obligado tributario puede perder la oportunidad de plantear estrategias de defensa específicas para cada procedimiento, lo que podría afectar negativamente su posición.

- Impacto acumulativo de sanciones y liquidaciones: La resolución conjunta puede implicar que las sanciones y liquidaciones se acumulen en un único acto resolutorio, lo que podría generar un impacto económico significativo en un solo momento.

En conclusión, la renuncia a la tramitación separada del procedimiento sancionador puede ser beneficiosa en términos de simplificación y rapidez, pero también conlleva riesgos relacionados con la pérdida de flexibilidad y defensa diferenciada. Por tanto, el obligado tributario debe valorar cuidadosamente estas ventajas e inconvenientes antes de optar por esta modalidad.

Caso práctico |¿Puede la Administración rectificar una propuesta de sanción aceptada por el obligado tributario?

PLANTEAMIENTO

Un obligado tributario ha manifestado su conformidad con la propuesta de sanción que le ha sido notificada. ¿Puede la Administración tributaria rectificar esta propuesta? ¿Cuál es el procedimiento que se sigue en estos casos?

RESPUESTA

Sí, la Administración tributaria podría rectificar la propuesta de sanción siguiendo el procedimiento regulado en el apartado 7 del artículo 25 del Reglamento General del Régimen Sancionador Tributario (RGRST).

Según este artículo cuando el órgano considera incorrecta la propuesta y la rectifica, el precepto articula una nueva fase procedimental con garantías añadidas para el obligado tributario:

- **Notificación de la nueva propuesta:** la rectificación debe notificarse al interesado dentro del mismo plazo de un mes desde el día siguiente al de la conformidad inicial. En esa notificación:
  - Se pone de manifiesto el contenido de la nueva propuesta de sanción.
  - Se informa de su derecho a formular alegaciones.

- **Plazo de alegaciones**: tras la notificación de la rectificación, el interesado dispone de 15 días hábiles, contados desde el día siguiente a la notificación, para presentar alegaciones y aportar pruebas frente a la nueva propuesta.

- **Efectos de la conformidad del interesado con la rectificación**: si, ante la nueva propuesta, el interesado expresa su conformidad:
  - La resolución sancionadora se considera dictada de acuerdo con el contenido del acuerdo de rectificación.
  - La notificación de esa resolución se entiende producida por el transcurso de un nuevo mes desde el día siguiente a la fecha en que se prestó esa segunda conformidad, salvo que dentro de ese plazo el órgano notifique una resolución expresa confirmando la propuesta rectificada.

De nuevo se reproduce el mismo esquema: conformidad + transcurso de un mes sin actuación = resolución dictada y notificada en los términos de la propuesta aceptada.

- **Falta de alegaciones o manifestación de disconformidad**: si el interesado no formula alegaciones dentro del plazo de 15 días, o expresa su disconformidad con la rectificación, el órgano competente pierde la posibilidad de acudir a la «resolución tácita» basándose en la conformidad y queda obligado a dictar y notificar una resolución expresa, motivada, sobre la imposición de la sanción.

Es importante destacar los límites temporales a la actuación de la Administración, valorando que el apartado 7 establece un límite claro:

- Cualquier notificación que se produzca una vez transcurrido el mes desde la conformidad inicial (o desde la segunda conformidad tras la rectificación) y que pretenda modificar la situación, carece de efectos frente al interesado.

- Eso significa que, si la Administración no actúa dentro de ese mes, queda vinculada por la propuesta de sanción aceptada y no puede, con posterioridad, corregirla ni agravarla a través de una actuación tardía.

Este límite refuerza la seguridad jurídica del contribuyente y otorga certeza sobre el momento en que se entiende notificada la sanción.

En suma, el apartado 7 del artículo 25 del RGRST configura un régimen específico de finalización del procedimiento sancionador derivado de inspección cuando existe conformidad del obligado tributario, basado en la combinación de: aceptación expresa, cómputo de plazos breves, posibilidad limitada de rectificación y fuerte protección de la seguridad jurídica mediante la ineficacia de las actuaciones extemporáneas.